essentials

Essentials liefern aktuelles Wissen in konzentrierter Form. Die Essenz dessen, worauf es als „State-of-the-Art" in der gegenwärtigen Fachdiskussion oder in der Praxis ankommt. *Essentials* informieren schnell, unkompliziert und verständlich

- als Einführung in ein aktuelles Thema aus Ihrem Fachgebiet
- als Einstieg in ein für Sie noch unbekanntes Themenfeld
- als Einblick, um zum Thema mitreden zu können

Die Bücher in elektronischer und gedruckter Form bringen das Fachwissen von Springerautor*innen kompakt zur Darstellung. Sie sind besonders für die Nutzung als eBook auf Tablet-PCs, eBook-Readern und Smartphones geeignet. *Essentials* sind Wissensbausteine aus den Wirtschafts-, Sozial- und Geisteswissenschaften, aus Technik und Naturwissenschaften sowie aus Medizin, Psychologie und Gesundheitsberufen. Von renommierten Autor*innen aller Springer-Verlagsmarken.

Martin Fries • Dirk Kramer

Legal Entrepreneurship

Unternehmerisches Denken in der Rechtspflege

Springer

Martin Fries
Fakultät Rechtswissenschaften
BSP Business & Law School
Berlin, Deutschland

Dirk Kramer
München, Deutschland

ISSN 2197-6708 ISSN 2197-6716 (electronic)
essentials

ISBN 978-3-662-72588-7 ISBN 978-3-662-72589-4 (eBook)
https://doi.org/10.1007/978-3-662-72589-4

Dieses Buch ist eine Open-Access-Publikation.

Die Deutsche Nationalbibliothek verzeichnet diese Publikation in der DeutschenNationalbibliografie; detaillierte bibliografische Daten sind im Internet über https://portal.dnb.de abrufbar.

BSP Business and Law School Dieses Werk wurde gefördert durch die BSP Business & Law School.

Springer ist ein Imprint der eingetragenen Gesellschaft Springer-Verlag GmbH, DE und ist ein Teil von Springer Nature.
Die Anschrift der Gesellschaft ist: Heidelberger Platz 3, 14197 Berlin, Germany

Was Sie in diesem *essential* finden können

- Einen Überblick über aktuelle Trends im Rechtsmarkt
- Eine Erläuterung der wichtigsten Marktmechanismen in der Rechtspflege
- Eine Anleitung zum unternehmerischen Denken in der Rechtsbranche
- Tipps und Tricks für ein erfolgreiches Legal Business

Vorwort

Die Ausbildung zum deutschen Einheitsjuristen ist furchtbar antiquiert. Seit jeher muss der angehende Jurist in zwei Staatsexamen demonstrieren, dass er faktisch die ganze Palette des deutschen Rechts „aus dem Effeff" beherrscht. Im Zivilrecht schließt dies das Eigentümer-Besitzer-Verhältnis ein, im Strafrecht und im Öffentlichen Recht gibt es ähnliche Exoten. Kommen – *arguendo* – diese Rechtsfragen in der Praxis doch einmal vor (tun sie nicht!), dann brächte ein Blick in den Kommentar oder neuerdings in ein AI-gestütztes juristisches Expertensystem die Lösung. Ergo ist der enorme Lernaufwand für diese juristischen Glasperlenspiele ein Zeiträuber. Geraubt wird die Zeit, die für das Erlernen der praxisrelevanten Dinge erforderlich wäre: juristisches Unternehmertum und juristische Dienstleistung, also das „Wie" der inhaltlichen Leistungserbringung.

Sie, liebe Leserin, lieber Leser, haben all dies verstanden und deshalb zu diesem Buch gegriffen. Glückwunsch dazu! Die Lektüre dieses Buches führt in zentrale Aspekte juristischen Unternehmertums ein. Wir leben in einer Zeit, wo nacktes juristisches Wissen für den beruflichen Erfolg stetig unwichtiger wird, einfach weil Wissen über IT-gestützte Expertensysteme und AI-Anwendungen immer leichter zugänglich ist. Die Lücke wird durch „Können" gefüllt werden, also durch erlernbare Fähigkeiten, wie juristische Inhalte bestmöglich in eine sinnvolle Dienstleistung umgesetzt werden. Das Buch setzt hier die richtigen Akzente, anschaulich und gut lesbar. Reicht die Lektüre dieses Buches aus, um fit für die Zukunft zu werden? Natürlich nicht! Aber es ist ein erster wichtiger Schritt, der Lust auf mehr macht. Und vielleicht hat dieses Buch in der übernächsten Auflage ja den fünffachen Umfang und ist *das* Standardwerk für die viersemestrige Pflichtvorlesung „juristisches Unternehmertum". Die Hoffnung stirbt zuletzt …

Jörg Risse

Inhaltsverzeichnis

Über die Autoren

Professor Dr. Martin Fries BSP Business & Law School, Calandrellistraße 1–9, 12247 Berlin, martin.fries@businessschool-berlin.de

Rechtsanwalt Dr. Dirk Kramer General Counsel, EMH Partners, Alter Hof, Dienerstraße 12, 80331 München, info@emh.com

1 Einführung

Es gibt sie noch, die Anwälte vom alten Schlag. Mit goldenem Kanzleischild, Windsorknoten und Palandt im Regal. Jura ist eben immer auch ein Stück gute alte Zeit. Das Recht und darauf basierende Dienstleistungen gelten als Hort der Stabilität, Vorhersehbarkeit und nur langsamen Evolution. Anwaltskanzleien arbeiten seit vielen Jahrzehnten nach bewährten, weitgehend unveränderten Methoden und begreifen Innovation auch heute noch vielfach als Bedrohung für die etablierte Ordnung. Im einem durch das Berufsrecht abgeschirmten Markt ließ sich dabei auch ohne Innovationsdruck lange Zeit friedlich koexistieren und gutes Geld verdienen.

Dieses sehr konservative Berufsbild kommt nicht von ungefähr: Die Juristenausbildung ist nicht originell, sondern überwiegend traditionell ausgerichtet und fördert so die Innovationsträgheit der anwaltlichen Praxis. Rechtswissenschaftliche Fakultäten legen den Schwerpunkt ihrer Lehre auf das Verständnis der bestehenden Gesetze, und dabei bleiben die Fähigkeit zur kreativen Problemlösung und zum unternehmerischen Denken regelmäßig auf der Strecke. Die zu Beginn des 21. Jahrhunderts ins Studium aufgenommenen Schwerpunktbereiche verdichten den Wissensballast noch einmal und nehmen den Studierenden fast jede Freiheit, die Luft der Methodik und der interdisziplinären Fähigkeiten zu atmen.

Soft Skills und elementare betriebswirtschaftliche Grundlagen bleiben damit erst recht auf der Strecke, Legal Design bleibt ein Fremdwort. Zwar gibt es seit einiger Zeit eine zaghafte Öffnung der Prüfungsgesetze, die sogenannten Schlüsselqualifikationen werden allerdings fast nie im Examen geprüft, und so bleibt es bei einem Lippenbekenntnis. Es gibt zwar vielfältige Vorschläge für eine grundlegende

M. Fries, D. Kramer, *Legal Entrepreneurship*, essentials,
https://doi.org/10.1007/978-3-662-72589-4_1

Modernisierung der Juristenausbildung,[1] politische Mehrheiten dafür scheinen aber aufgrund der disparaten Interessen der Justizministerkonferenz bis auf Weiteres unwahrscheinlich. Im Rechtsreferendariat sieht es nicht anders aus. Für die Entwicklung neuer Ideen und Geschäftsmodelle bleibt nirgends Raum.

Die Versteinerung der Juristenausbildung

Eine großangelegte Graswurzelbewegung zur Reform der juristischen Ausbildung gab es zuletzt im Jahr 2022. Knapp 12.000 Menschen nahmen an einer Studie der Initiative *iur.reform* teil. Für Ideen zur Ergänzung des Studienstoffs um technische Kompetenzen und Soft Skills fanden sich dabei jeweils deutliche Mehrheiten.[2] Bis dieses Meinungsbild im Curriculum der Staatsexamina ankommt, dürfte es freilich noch ein paar Jahr(zehnt)e dauern. ◀

Dieser Befund scheint hochproblematisch. Denn der Blick in die sich wandelnde Rechtspraxis zeigt, dass unternehmerisches Denken in fast allen Bereichen der Rechtspflege inzwischen eine notwendige Bedingung für eine erfolgreiche und befriedigende Berufstätigkeit darstellt. Den meisten (Konflikt-) Parteien geht es nicht vorrangig ums Recht, sondern um eine pragmatische und interessengerechte Lösung. Wer nicht gelernt hat, sich für seine Mandanten zu interessieren und in ihrem Sinne unternehmerisch zu denken, schafft es in der Großkanzlei nicht auf den Partnertrack, wird auch in kleineren Sozietäten kaum verstehen, was den Mandanten wichtig ist, und wird selbst in der Justiz Schwierigkeiten haben, Vergleichsverhandlungen sachgerecht zu führen.

Das Dilemma von Hammer und Nagel

Der amerikanische Psychologe *Abraham Maslow* schrieb 1966 in einem Buch über die *Psychology of Science:* „[I]t is tempting, if the only tool you have is a hammer, to treat everything as if it were a nail."[3] Diese auch als „Maslows Hammer" bekannte und später von *Paul Watzlawick* aufgegriffene Wendung wurde zum Sinnbild für das Phänomen einer *déformation professionelle.* Wer sich einseitig bildet, läuft Gefahr, immer das eigene Standardprogramm abzuspulen und die Bedürfnisse seiner Mitmenschen zu ignorieren.

---

[1] Siehe etwa *Breidenbach,* NJW 2020, 2862 ff.

[2] *Iur.reform,* Die iur.reform-Studie, 2023, S. 3 f.

[3] *Maslow,* The Psychology of Science, 1966, S. 15 f.

Im Rechtsbereich bedeutet das: Man kann im juristischen Staatsexamen 18 Punkte erzielen und dennoch für Mandanten keine große Hilfe sein. Umgekehrt können sowohl die 18-Punkte- als auch die 6-Punkte-Juristin sehr erfolgreich sein, wenn sie die in diesem Buch vorgestellten Konzepte und Methoden verstehen und anwenden. Sogar eine Nichtjuristin kann sich im Rechtsmarkt durchaus behaupten, wenn sie durch die vielfältigen Beispiele in diesem Buch ein Gefühl dafür bekommt, wo es bei der Einhaltung und Durchsetzung rechtlicher Vorgaben Geschäftschancen gibt. Eine gute juristische Unternehmerin wird in ihrem Bereich innovative Geschäftsideen, Technologien und Prozesse entwickeln, die traditionelle Rechtsdienstleistungen effizienter, zugänglicher und kundenorientierter machen. Für ihre Mandanten schafft solches *legal entrepreneurship*[4] einen echten Mehrwert.

Mit diesem Buch werben wir dafür, die Veränderungen im Rechtsmarkt nicht als Bedrohung, sondern als Chance zu begreifen. Chancen eröffnen sich natürlich für Startups und IT-affine Akteure, die durch Digitalisierung, Automatisierung und durch den Einsatz künstlicher Intelligenz Effizienzpotenziale heben möchten. Aber Chancen eröffnen sich eben gerade auch in etablierten Einheiten, die über einen gut gepflegten Mandantenstamm verfügen und ihre Dienstleistungen Schritt für Schritt modernisieren möchten. Und natürlich richtet sich dieses Buch auch an Studierende und Rechtsreferendare, die sich jenseits des Pflichtstoffs ihrer Ausbildung dafür interessieren, wie die Gesetze des Rechtsmarkts funktionieren, und die schon heute darüber nachdenken wollen, wie sie in einigen Jahren ihren Berufseinstieg sinnvoll gestalten können. Herzlich willkommen zu einer Reise in die Zukunft der Rechtspflege!

[4] Ähnlich zum Begriff *Entrepreneurship Fueglistaller* et al., Entrepreneurship, 5. Aufl. 2019, S. 2.

2 Rechtsdienstleistungsmarkt im Wandel

Wer im Rechtsmarkt unternehmerisch erfolgreich sein möchte, sollte zunächst einen Blick auf die bisherige Entwicklung des Marktgeschehens werfen. Die Geschichte der Anwaltschaft reicht schon über 2000 Jahre zurück bis ins Römische Reich. Die anwaltsähnlichen Berufe der damaligen Zeit waren streng reguliert, der Zugang zu ihnen war stark beschränkt.[1] Erst mit dem Aufkommen moderner Rechtsstaaten im 19. und 20. Jahrhundert professionalisierte sich die Branche. Anwälte konzentrierten sich nun in städtischen Zentren und spezialisierten sich auf bestimmte Rechtsgebiete. Dabei war die Rechtsbranche durch lokale Monopole geprägt. Die Mandantenakquise erfolgte über das Kanzleischild, über Empfehlungen oder über die Gelben Seiten. Ein echter Markt existierte nicht, und dementsprechend gering waren die Anreize für Anwälte, ihre Beratungsqualität zu optimieren oder ihre Beratungskosten zu senken. Dieses über Jahrzehnte hin weitgehend statische Bild veränderte sich erst mit dem Aufkommen der modernen Informationsgesellschaft zu Beginn des 21. Jahrhunderts. Heute lassen sich drei große Trends identifizieren, die den Wandel der Rechtspflege vorantreiben: Erstens die Verlagerung von Rechtsdienstleistungen ins Internet, zweitens die wachsende Bedeutung moderner Software bei der Mandatsbearbeitung und drittens die Industrialisierung und Kapitalisierung des Rechtsmarkts.

[1] *Waldstein/Rainer*, Römische Rechtsgeschichte, 12. Aufl. 2024, § 34.

M. Fries, D. Kramer, *Legal Entrepreneurship*, essentials,
https://doi.org/10.1007/978-3-662-72589-4_2

2.1 Trend zur Digitalisierung der Mandatsführung

Die Silberrücken in den Kanzleien können sich noch gut daran erinnern, dass Mandatsakquise, Mandantenkommunikation und Verfahrensführung vor 20 Jahren noch weitgehend offline stattfanden. Dieses Bild hat sich seitdem über alle Stagen des anwaltlichen Mandats hinweg fundamental verändert. Mit zunehmender Verbreitung des Internets begannen Mandanten, ihre anwaltlichen Vertreter nicht mehr an der Straßenecke, sondern im Internet zu suchen und die ersten Schritte eines Mandats online zu gehen. Anwältinnen und Anwälte mussten lernen, ihre Klientel in den virtuellen Räumen abzuholen, in denen sie sich aufhalten. Wer als Anwalt im Jahr 2010 mit dem Begriff „SEO“ *(Search Engine Optimization)*[2] etwas anfangen konnte, gehörte zu den Pionieren seiner Zeit. Mancher Berufsgenosse meidet dieses Thema bis heute. Dabei wäre die gerade einsetzende Entwicklung von SEO hin zu AIO *(Artificial Intelligence Optimization)* eigentlich ein guter Zeitpunkt, sich einmal näher mit dem Thema zu beschäftigen.

Der Nutzen hochwertiger Informationen...
Die zentrale Währung des Internet sind bis heute spannende Inhalte bzw. neudeutsch guter Content, denn guter Content schafft Aufmerksamkeit. Um guten Content liefern zu können, braucht man Empathie für die Interessen der Mandanten. Im Suchmaschinenranking landet oben und die meisten Klicks generiert derjenige, der die Suchkombinationen der User (sog. Keywords) antizipiert, darauf früh MIT guten Antworten reagiert und dafür gute Bewertungen einheimst. Moderne Rechtsuchende belohnen guten, kostenfreien Content regelmäßig mit der Erteilung eines Mandats. Das gilt nicht nur im Verbraucherbereich, sondern gerade auch für die Akquise unternehmerischer Mandate. Online-Kompetenz hat zwar die gute, alte Anwaltsempfehlung nicht ersetzt, hat sich aber zu einer fast ebenbürtigen Konkurrenz gemausert.

Mit der Verlagerung der Akquise ins Internet wurde auch der Fernkontakt zwischen Anwalt und Mandantin zum unaufgeregten Normalfall. Natürlich hat man auch früher schon miteinander telefoniert. Aber heute gibt es nicht wenige Kanzleien, die vom Strand einer Mittelmeerinsel oder aus dem internationalen Jetset geführt werden, weil Videogespräche zum Standard geworden sind und nur noch selten anwaltlicher Einsatz an einem bestimmten Ort erforderlich ist.

[2] Der Begriff *Search Engine Optimization* beschreibt das Ausrichten von Webseiten auf häufige Suchkombinationen mit dem Ziel, im Suchmaschinenranking möglichst weit vorne zu stehen.

Selbst Administration und Teilnahme an streitigen Verfahren laufen inzwischen vermehrt über Plattformen. Große Schiedsinstitutionen haben virtuelle Verfahrensräume aufgesetzt, wo Parteien ihre Dokumente hochladen und Online-Verhandlungen führen können.[3] Selbst bei den staatlichen Gerichten deutet sich an, dass es in absehbarer Zeit über die elektronische Prozessakte hinaus eine Online-Streitplattform geben könnte, die zumindest für bestimmte Streitigkeiten eine Möglichkeit zur strukturierten Online-Klage und eine ausschließlich elektronische Teilnahme am Verfahren ermöglicht.[4] Nur die Vollstreckung bleibt bis auf Weiteres eine Schnittstelle zur analogen Welt.[5]

Der Zivilprozess der Zukunft

Ist die Verhandlung per Videokonferenz schon das Ende der Fahnenstange? Es zeichnet sich heute bereits ab, dass sich die Entwicklung hin zu dreidimensionalen virtuellen Räumen bewegt. Manche nennen es *Metaverse,* aber noch nicht viele können mit diesem Begriff etwas anfangen. Am Beispiel eines Verkehrsrechtsstreits kann man sich das aber schon heute gut vorstellen. In den USA gibt es bereits Dienstleister, die sich darauf spezialisiert haben, Verkehrsunfälle dreidimensional zu rekonstruieren.[6] Mithilfe einer VR-Brille könnte sich also eine Richterin an eine virtuelle Kreuzung stellen, auf der sie das Unfallgeschehen aus verschiedenen Perspektiven selbst erleben kann. Die dazu erforderlichen Daten werden sich in absehbarer Zeit routinemäßig aus den Fahrzeugen auslesen und ohne großen technischen Aufwand in ein 3D-Modell überführen lassen. Ist das der Zivilprozess der Zukunft? ◄

---

[3] Siehe etwa die digitale Verfahrensakte *eFile* der Deutschen Institution für Schiedsgerichtsbarkeit (DIS) oder die US-amerikanische Plattform *JAMS Access.*

[4] Zum Vorschlag einer allgemeinen Kommunikationsplattform für den Rechtsverkehr *Steinbrecher/Breidenbach,* Handbuch Digitale Rechtsabteilung, 2024, S. 35 ff.

[5] Ähnlich auch Ähnlich *Rossbach* in Schieblon (Hrsg.) Kanzleimanagement in der Praxis, 5. Aufl. 2024, Abschn. 10.3.3.

[6] Siehe etwa https://www.vcrashusa.com.

2.2 Trend zur Standardisierung und Automatisierung von juristischen Arbeitsprozessen

Die soeben beschriebene Entwicklung hin zur Online-Kommunikation im anwaltlichen Mandat ging vergleichsweise behäbig vonstatten und konnte dadurch auch digitalaverse Teilnehmer des Rechtsmarkts mitnehmen. Daneben lässt sich ein weiterer Trend identifizieren, der ein deutlich höheres Tempo anschlägt und den die Rechtsbranche in ihrer Breite nicht homogen mitvollzieht: die Standardisierung und Automatisierung rechtlicher Arbeitsprozesse.

2.2.1 Regelgeleitete Software

Ein gewisses Maß an Standardisierung ist in Kanzlei und Notariat natürlich nichts Neues. Musterschreiben und Formulare sind seit Jahrzehnten weit verbreitet und wurden mit zunehmender Verbreitung von Textverarbeitungs- und Kanzleisoftware selbstverständlich auch digital administriert. Neu ist allerdings das Bemühen, Kernbereiche der Anwaltstätigkeit wie das persönliche Mandantengespräch und die rechtliche Prüfung des Falls zumindest teilweise an eine Software zu delegieren.

Die Automatisierung der Interaktion mit den Mandanten lässt sich bisher vor allem im Verbraucherbereich beobachten. Vordergründig geht es darum, Rechteinhaber durch ein spielerisches Element auf einer Webseite über gute Erfolgsaussichten für ihr Anliegen zu informieren. Wesentliche Motivation der Anbieter solcher juristischer Schnellchecks ist es natürlich, prospektiven Kunden mit der Erfolgsprognose einen kleinen Mehrwert zu bieten, um ihr Vertrauen zu gewinnen und die Erteilung eines Rechtsdurchsetzungsmandats wahrscheinlicher zu machen.

Digitale Fallstruktur

Eine der ersten kleinen Online-Subsumtionsmaschinen war das heute noch verfügbare Anspruchsprüfungstool des Fluggastrechte-Dienstleisters *Flightright.*[7] Mit der Zeit entwickelten sich in der Rechtsdienstleistungsbranche immer kom-

[7] https://www.flightright.de/check/.

pliziertere Tools, die inzwischen durchaus auch dazu dienen, das anwaltliche Beratungsgespräch zu entlasten, indem Mandanten vorab möglichst viele Informationen über ein Eingabeformular bereitstellen. Ein sehr weit entwickeltes Fallerfassungstool bietet beispielsweise der Berliner Mietrechts-Dienstleister *Conny* an.[8] Die vom Mandanten eingegebenen Informationen werden hier automatisch verknüpft mit hinterlegten Daten des Berliner Mietspiegels. Daraus kann die Software ein sehr verlässliches Ergebnis für das erzielbare Mietsenkungspotenzial errechnen. Eine ausführliche anwaltliche Beratung ist in solchen Fällen kaum noch erforderlich. Das wird überaus deutlich beim sog. Abmahnbeantworter des *Chaos Computer Clubs,* der von vornherein den Anspruch hat, die Verteidigung gegen eine Filesharing-Abmahnung ohne menschliche Individualberatung vollautomatisiert zu übernehmen.[9] ◄

Technische Innovationen im Rechtsmarkt tauchen regelmäßig zuerst im Bereich geringwertiger Forderungen auf. Startups können hier einigermaßen unbehelligt experimentieren und sogar gelegentliche Fehler riskieren, denn die Rechtsuchenden sind für jedes Angebot dankbar, weil die klassische Rechtsdienstleistung in diesem Bereich prohibitiv teuer wäre.

Hat sich eine technische Lösung in diesem Segment bewährt, dauert es meist nicht lange, bis jemand sie auch auf den Umgang mit höheren Streitwerten überträgt. Die Sachverhalte sind dann komplexer, umso größer ist allerdings auch das Einsparpotenzial bei den Kosten der Rechtsverfolgung. Subsumtionsautomaten ersetzen die menschliche Rechtsberatung hier nicht unbedingt vollständig, übernehmen aber doch einen erheblichen Teil der monotonen Arbeit, die klassisch von Hand erledigt worden wäre. Vielfältige Beispiele für Rechtsprüfungstools im Bereich mittlerer Streitwerte finden sich zum Beispiel auf der Webseite des Dokumentengenerators *Smartlaw;* sie reichen vom interaktiv individualisierten Testamentstext über Gewerberaummietverträge bis hin zu Arbeits- und Gesellschaftsverträgen sowie englischsprachigen Letters of Intent und Non-Disclosure Agreements.[10]

[8] https://conny.de/hf/mpb_de.

[9] https://abmahnbeantworter.ccc.de.

[10] https://www.smartlaw.de.

Die beschriebenen Typen von Rechtsprüfungssoftware beruhen auf regelgeleiteten Algorithmen. Technisch sieht das wie folgt aus: Hinter einem vom Kunden oder Anwalt zu bedienenden Interface liegt eine baumartige Regelstruktur, die ihre Antworten abhängig vom Input des Users auf von Programmierer vorbestimmten Pfaden bestimmt. Solche Algorithmen stoßen bei der Bearbeitung juristischer Probleme irgendwann an ein Komplexitätsproblem, man spricht von einer Regelexplosion.[11] Es gibt dann so viele Weichenstellungen und Interdependenzen, dass die Struktur der Algorithmen für den Programmierer unüberschaubar wird und damit nicht nur überbordenden Aufwand, sondern zugleich auch Fehler provoziert.

2.2.2 Künstliche Intelligenz

Wo regelgeleitete Algorithmen zu kompliziert werden, öffnet sich eine große Marktlücke für den Einsatz künstlicher Intelligenz. Denn KI-Modelle ersparen dem Programmierer das Antizipieren sämtlicher denkbarer Fallvarianten, indem sie autonome Entscheidungen treffen, die im Hinblick auf frühere Fälle plausibel erscheinen.

▶ **Definition künstlicher Intelligenz** Es gibt viele Definitionen künstlicher Intelligenz, die im Laufe der jüngeren Geschichte tendenziell enger formuliert wurden. Als zentrales Charakteristikum begreift man überwiegend die Autonomie des Systems.[12] Diese Autonomie entsteht regelmäßig durch das Erkennen von Mustern in großen, gleichförmigen Datensätzen *(big data)*. Sie hat zur Folge, dass sich der Rechenweg, auf dem die Entscheidungen oder Empfehlungen eines KI-Systems zustande kommen, von außen kaum mehr nachvollziehen lässt (Blackbox-Problem).[13]

---

[11] *Adrian*, Grundprobleme einer juristischen (gemeinschaftsrechtlichen) Methodenlehre, 2019, S. 715 ff.

[12] Vgl. die Definition eines KI-Systems in Art. 3 Nr. 1 KI-VO.

[13] Die Bemühungen darum, KI *explainable* zu machen, bestätigen im Kern nur das Black-Box-Problem.

KI-Systeme sind in der Lage, große Mengen an Daten in kürzester Zeit zu analysieren und daraus sinnvolle Schlüsse zu ziehen. Diese Fähigkeit wird genutzt, um Routineaufgaben wie die Analyse von Rechtsprechung, die Bearbeitung von Dokumenten und die Erstellung von Rechtsdokumenten zu automatisieren. Ein Beispiel hierfür ist die Durchsicht großer Vertragsbestände im Rahmen einer Due Diligence: Früher wurde dieser Job in mehrmonatiger Arbeit von teuer bezahlten Associates einer Großkanzlei erledigt, heute scannt eine KI den Datensatz auf Auffälligkeiten und versieht sie innerhalb weniger Minuten oder Stunden mit *red flags (descriptive analytics).*[14]

Auch bei der unternehmerisch wichtigen Vorhersage der Ergebnisse von Gerichtsprozessen verspricht künstliche Intelligenz vergleichsweise schnelle und belastbare Prognosen. Traditionell gilt die Prozessrisikoanalyse als ein zwar sehr nützliches, aber eben doch auch aufwendiges und daher selten genutztes Instrument zur kritischen Würdigung verschiedener Verfahrensalternativen.[15] Überlässt man es hingegen einer Software, die neuralgischen Punkte einer Streitsache zu identifizieren und den Erwartungswert eines Prozesses zu berechnen *(predictive analytics),* erscheint der Nutzen für Mandanten und ihre Anwälte schon gleich viel greifbarer.[16]

Wird der Vormarsch künstlicher Intelligenz in absehbarer Zeit dazu führen, dass menschliche Anwälte einpacken können? Kurzfristig wird das aller Voraussicht nach nicht passieren. Vielmehr wird KI aktuell (noch) als unterstützende Technologie gesehen, die Anwälte entlastet, indem sie Routineaufgaben übernimmt und es ihnen ermöglicht, sich auf komplexere juristische Fragen zu konzentrieren. Die menschliche Expertise bleibt dabei unverzichtbar, insbesondere bei der strategischen Rechtsberatung und der Argumentation vor Gericht.

Veränderung juristischer Dienstleistungen durch künstliche Intelligenz

Die Disruption, die man künstlicher Intelligenz so häufig nachsagt, kommt insofern nicht über Nacht, sondern wird sich im Laufe der nächsten Jahre stetig wie Morgentau über die Rechtsbranche legen. Zugleich sollte man sich nicht

---

[14] Siehe etwa die Produkte *Kira* und *Harvey.*

[15] *Risse/Morawietz,* Prozessrisikoanalyse, 2017, passim.

[16] So etwa *LexisNexis* mit *Lexis+ AI* und *Lex Machina, Westlaw Precision* und *Litigation Analytics* von *Bloomberg Law.*

täuschen: Juristische Berufe haben so viel mit Text- und Sprachproduktion zu tun, dass sie sich im Hinblick auf KI massiv verändern werden. Die Berufsaussichten für Juristinnen und Juristen bleiben zwar gut, sie setzen aber zunehmend voraus, dass der Mensch in der Lage ist, Hand und Hand mit Maschinen zu arbeiten. Man wird Rechtsberatung im Jahr 2030 nicht mehr so erbringen können wie im Jahr 2010. Das gilt sogar für Legal-Tech-Startups wie die erst 2012 gegründete Firma *Smartlaw,* für deren Rechtsdokumente künftig kaum noch jemand Geld ausgeben wird, weil sie sich schneller, günstiger und (noch) individueller mithilfe von ChatGPT & Co. generieren lassen. ◄

2.3 Trend zur Industrialisierung und Kapitalisierung der Rechtspflege

Die gewaltigen Veränderungen, die auf den Anwaltsberuf zukommen, lassen sich schließlich noch an einem dritten Trend festmachen: Seit einigen Jahren beobachten wir einen starken Trend zur Industrialisierung und Kapitalisierung der Rechtspflege.[17] Diese dritte Entwicklung ist zuweilen ein wenig versteckt hinter dem Hype, der sich insbesondere um das Thema Künstliche Intelligenz entspinnt. In ihren Auswirkungen ist sie aber womöglich noch deutlich raumgreifender, weil Industrialisierung und Kapitalisierung die vermehrte Nutzung von Software überhaupt erst in die Rechtsbranche drücken.

2.3.1 Industrialisierung

Aus der berufsrechtlich behüteten Anwaltsbranche wird zunehmend ein entfesselter Rechtsdienstleistungsmarkt. Der grundsätzlich auch im 20. Jahrhundert schon existente Wettbewerb hat sich im Laufe der letzten Jahre gehörig verschärft. Neu auf den Plan getreten sind insbesondere nicht-anwaltliche Rechtsdienstleister, die nicht lokal oder regional, sondern bundesweit oder international agieren und damit auch in mittleren Marktsegmenten als Großkanzlei arbeiten.

[17] Zum Begriff *Breidenbach* in Schneider (Hrsg.), Festschrift für Benno Heussen zum 65. Geburtstag, 2009, S. 39 ff.

Der Industrialisierungstrend in der Rechtsbranche profitiert immens von der Möglichkeit, Sachverhalte zu digitalisieren und zu standardisieren. Der nächste Schritt liegt dann jeweils darin, den Fall mit möglichst vielen gleichförmigen Fällen hochzuskalieren und die verfolgten Ansprüche kollektiv durchzusetzen. Was nicht ins Schema passt, wird dabei sicher auch einmal passend gemacht, dem gegenüber stehen allerdings außerordentlich große Effizienzgewinne, die sich einerseits in höherer Profitabilität und andererseits durchaus auch in deutlich niedrigeren Rechtsberatungspreisen und damit in einem verbesserten Zugang zum Recht niederschlagen. Ob man diese Entwicklung als positiv oder negativ beurteilt, liegt naturgemäß im Auge des Betrachters, der Befund als solcher ist allerdings unstreitig.

Anwaltskanzlei als Industriebetrieb

Zwei bereits auf den Beginn des 21. Jahrhunderts zurückdatierende Beispiele für die Industrialisierung von Rechtsdienstleistungen sind die Durchsetzung europäischer Fluggastrechte sowie die Durchsetzung von Urheberrechten großer Filmproduktionsfirmen bei illegalem Filesharing.[18] Einige Zeit später leistete der Anwaltstag 2017 unter dem Leitthema „Innovationen und Legal Tech" einen großen Beitrag dafür, die neue Rolle großer Kollektivrechtsdienstleister in der Branche bekannt zu machen. Die neue mediale Aufmerksamkeit für sog. Legal-Tech-Dienstleister führte nun auch zu punktuellem Widerstand einiger Rechtsanwaltskammern, die Verstöße gegen das geltende Rechtsdienstleistungsrecht witterten. Dieser Gegenwind kam freilich so spät und so zaghaft, dass der Bundesgerichtshof in den großen Fällen der letzten Jahre stets liberal urteilte und die früher engen Fesseln des Anwaltsrechts immer weiter löste. So sorgte es auch nicht mehr für einen großen Aufschrei, als ein Protagonist aus dem Bereich der Dieselklagen bereits 2018 auf einer Konferenz lapidar mitteilte, seine Sozietät sei keine Anwaltskanzlei, sondern ein Industriebetrieb.[19] ◄

Für eine klassische Anwaltskanzlei sind die Folgen der Industrialisierung womöglich noch gravierender als diejenigen aus dem Trend zu Digitalisierung und

[18] Pionier in diesem Bereich war die Münchener Kanzlei *Waldorf Frommer*.

[19] *Ralph Sauer* auf der Herbsttagung des Bucerius Center on the Legal Profession 2018, https://www.lto.de/recht/kanzleien-unternehmen/k/bucerius-clp-herbsttagung-2018-massenklagen-musterfeststellungsklage.

Automatisierung. Denn im Hinblick auf Digitalisierung und Automatisierung kommt man schon weit, wenn man „einfach nur" den aktuellen Bestand aufrüstet. Im Hinblick auf die Industrialisierung einer Branche muss man aber sprunghaft wachsen, um sich im Markt zu behaupten. Sobald sich ein deutschlandweit tätiges Rechtsdienstleistungsunternehmen auf Klagen gegen einen bestimmten Smartphonehersteller oder auf die Durchsetzung erbrechtlicher Pflichtteilsansprüche spezialisiert, wird dieser Dienstleister die klassische anwaltliche Rechtsberatung im Preis deutlich unterbieten und weitgehend vom Markt verdrängen. Das gilt sogar auch dann, wenn der klassische Anwalt bessere Rechtsberatung erbringt als das große Legal-Tech-Unternehmen, denn der Mehrwert einer hundertprozentigen Durchdringung des Falls steht außer Verhältnis zum damit verbundenen Aufwand und lässt sich abgesehen davon für Mandanten ohnehin nicht sicher erkennen. Der Trend geht insofern weg von der Handarbeit und hin zur Standardisierung, weg von Manufakturpreisen und hin zu eng kalkulierten Wettbewerbspreisen.

Die Rolle der Rechtsschutzversicherer

Ein häufig vergessener Akteur, der bei der Industrialisierung von Rechtsdienstleistungen eine große Rolle spielt, sind die Rechtsschutzversicherungen. In den großen Massenschadensfällen der vergangenen Jahre waren die Rechtsschutzversicherer dabei allerdings nicht Treiber, sondern Getriebene: Anwälte und Legal-Tech-Dienstleister bekamen schnell spitz, dass auch Fälle mit hohen Prozessrisiken eine Goldgrube sind, wenn die Mandantschaft nur rechtsschutzversichert ist. Ökonomen kennen dieses Phänomen unter der Bezeichnung *moral hazard*... In letzter Zeit haben sich die Rechtsschutzversicherer dann allerdings bemüht, die Möglichkeiten der Digitalisierung und Industrialisierung proaktiv im eigenen Sinne zu nutzen. Wichtig ist für sie dabei, die verschiedenen Rechtsdienstleister aus dem Erstkontakt zu rechtsuchenden Bürgern zu verdrängen und die Rechtsdurchsetzung selbst auf ein kostenarmes und damit im Zweifel gerichtsfernes Gleis zu steuern. Lange Zeit war das sehr schwierig, weil ein Erstkontakt jenseits der bloßen Deckungsanfrage schnell eine Rechtsdienstleistung darstellt, die Versicherer nach § 4 RDG nicht erbringen dürfen. Das hat sich vor kurzem allerdings mit dem *Smartlaw*-Urteil des BGH geändert.[20] Danach fallen automatisch generierte Rechtsratschläge nunmehr nicht mehr unter den Rechtsdienstleistungsbegriff des § 2 RDG und insofern auch nicht mehr unter das Verbot des § 4 RDG. Es ist bereits heute absehbar, dass Rechtsschutzversicherer diese Lücke bald nutzen werden, um Rechtsstreitigkeiten früh in ihrem eigenen Sinne zu steuern.

---

[20] BGH v. 9. September 2021, I ZR 113/20, https://openjur.de/u/2364286.html.

2.3.2 Kapitalisierung

In einem durch die Industrialisierung geschaffenen oder verstärkten Wettbewerbsmarkt ist die Gewinnmarge der einzelnen Akteure relativ gering. Ökonomen sprechen davon, dass die Produzentenrente sinkt, während die Konsumentenrente – also der Nutzen eines Geschäfts für die Kundenseite – gleichzeitig steigt. Für die Anbieterseite bedeutet das, dass sie genau auf ihre Profitabilität achten muss, um keine Verluste zu machen. Das gilt insbesondere für die vom Gesetzgeber bei Anwälten grundsätzlich vorgesehene Mischkalkulation: Man erwartet, dass sich unrentable und rentable Mandate im Mittel ausgleichen – vergleichbar mit einem Flatrate-Modell in größerem Maßstab.[21] Wenn nun aber die Gewinnmarge bei vormals sehr lukrativen Mandaten substanziell schmilzt, fehlt der finanzielle Spielraum, um sich um wirtschaftlich uninteressante Mandate zu kümmern. Verkürzt gesagt: Anwälte werden künftig vorrangig danach schauen müssen, ob sich ein Mandat oder auch innerhalb eines bestehenden Mandats eine bestimmte Vorgehensweise finanziell für sie lohnt; ob die Mandantin im Recht ist, spielt erst sekundär eine Rolle. Auch das ist per se kein neues Phänomen, die Rentabilitätsorientierung in Rechtspflegeberufen scheint aber aktuell deutlich zuzunehmen.

Und wo sich eine Branche nicht mehr nur als Förderin des Gemeinwohls,[22] sondern als potenziell profitabler Dienstleistungssektor aufstellt, verwundert es nicht, dass sich langsam auch Investoren für ein Engagement interessieren. Das bis heute geltende anwaltliche Berufsrecht verbietet es Anwälten, Investoren als Eigenkapitalgeber – vulgo: Heuschrecke – in die Sozietät aufzunehmen oder anderweitig am Gewinn partizipieren zu lassen.[23] Es gibt aber bereits unter dem geltenden Recht Umgehungsmöglichkeiten, die durchaus rege genutzt werden, so etwa die Erbringung von Rechtsdienstleistungen nicht als Anwaltskanzlei, sondern als Inkassounternehmen, vgl. § 2 Abs. 2 RDG, für die das anwaltliche Berufsrecht keine Geltung entfaltet. Ein Blick in die USA zeigt, dass sich das dortige Berufs-

[21] Zu den damit verbundenen Anreizen *Tutschka,* Strategische Kanzleientwicklung, 2. Aufl. 2022, S. 74 ff.

[22] So die Idee hinter der Beschreibung der Anwälte als *Organe der Rechtspflege,* die zwar viel Kritik erfahren hat, in § 1 BRAO aber weiter als eine Art Präambel für die Ausübung des Anwaltsberufs steht.

[23] §§ 49b, 59c BRAO.

recht zumindest in Teilen bereits geöffnet hat: So erlaubt etwa Arizona seit 2021 die Beteiligung von Nicht-Anwälten an sogenannten „Alternative Business Structures“ (ABS). Auch Utah experimentiert im Rahmen eines Sandbox-Modells mit neuen Formen der Kapitalbeteiligung.[24]

Das in Deutschland geltende Private-Equity-Verbot im Anwaltsbereich – häufig ist auch sachlich unzutreffend von einem Fremdbesitzverbot die Rede – war in jüngerer Zeit vermehrt Gegenstand von Kritik. Das Gesetz sei einerseits aus der Zeit gefallen und andererseits inkohärent, wenn es Anwälte strenger reguliere als nichtanwaltliche Rechtsdienstleister. Sogar das Bundesjustizministerium dachte im Jahr 2019 öffentlich darüber nach, Wagniskapital bei Rechtsdienstleistern in bestimmten Grenzen zu erlauben.[25] Einen Dämpfer erhielten diese Überlegungen durch eine bewusst herbeigeführte EuGH-Entscheidung Ende 2024, die entgegen dem Ansinnen der verfahrensführenden *Halmer Rechtsanwaltsgesellschaft UG* feststellte, dass das deutsche Recht an dieser Stelle nicht gegen die europäische Dienstleistungsfreiheit verstoße.[26] Ob sich diese Rechtslage mittel- und langfristig aufrecht erhalten und vor allem durchsetzen lässt, erscheint dennoch fraglich.

Kapitalisierung im Gesundheitsbereich

Wie die Zukunft ausschauen könnte, lässt sich gut am Gesundheitssektor ablesen: Im Laufe der vergangenen Jahre haben Investoren in Deutschland hunderte Arztpraxen übernommen und begonnen, sie auf Rendite zu optimieren. Befürworter erhoffen sich davon Mengenvorteile (sog. Skaleneffekte[27]), kürzere Wartezeiten und insgesamt eine professionellere Versorgung, Kritiker warnen vor einer Zielverlagerung weg von der Gesundheit der Patienten hin zum Auslösen möglichst vieler Entgeltpauschalen, was zu einer unnötigen Überbehandlung junger und zur Vernachlässigung alter Patienten führe.[28] ◄

[24] *Foley/Indap/Ring,* Financial Times v. 10. April 2025, The rule change that could blow open US law.

[25] *Bundesministerium der Justiz und für Verbraucherschutz,* Eckpunkte für eine Neuregelung des Berufsrechts der anwaltlichen Berufsausübungsgesellschaften, 2019.

[26] EuGH v. 19. Dezember 2024, C-295/23, https://datenbank.nwb.de/Dokument/1064679/.

[27] Dazu gut verständlich *Krumm,* Erfolg – Grundlagen wirtschaftlichen Denkens und Handelns, 2024, S. 75 ff.

[28] Siehe etwa *Neulinger,* Spekulationsobjekte? Wenn private Investoren Arztpraxen kaufen, https://www.br.de/nachrichten/wirtschaft/spekulationsobjekt-arztpraxis-wenn-investoren-mit-medizinischer-versorgung-geld-verdienen-wollen.

Übrigens ist es nicht nur die Rechtsdienstleistung selbst, bei der sich eine merkliche Profitorientierung beobachten lässt. Auch das Recht selbst begreift man heute nicht mehr nur als ein Instrument des Interessenausgleichs, sondern regelmäßig auch als ein Vermögensgut, das man brachliegen oder auch aktiv verwerten kann. Bei einem Zahlungsanspruch oder einer Erbenstellung liegt das noch auf der Hand. In jüngerer Zeit gab es aber auch trickreichere Ideen, wie man scheinbar unnütze Rechtspositionen noch versilbern kann.

Ein besonderes anschauliches Beispiel dafür ist das Verbraucherwiderrufsrecht – eine Möglichkeit für Verbraucher, sich aus bestimmten für sie anfangs nicht gut überschaubaren Verträgen ohne wesentliche Nachteile einseitig wieder zu lösen. Im Laufe der letzten Jahre hat die Rechtsprechung des EuGH und des BGH klargestellt, dass man mit diesem Widerrufsrecht nicht nur bestehende Unwuchten zulasten eines Verbrauchers ausgleichen kann, sondern dass Verbraucher dieses Recht auch einfach zu Geld machen dürfen, obwohl sie mit dem Vertrag als solchem überhaupt kein Störgefühl verbinden. Wer beispielsweise nachträglich erkennt, dass er einen Kaufgegenstand bei einer anderen Anbieterin günstiger hätte erwerben können, darf strategisch mit dem Widerrufsrecht drohen, um dem Verkäufer einen nachträglichen Rabatt abzunötigen.[29] Und wer zu Hochzinszeiten einen teuren Immobilienkredit aufgenommen hat, darf das Widerrufsrecht dazu einsetzen, um seiner Bank die versprochenen Zinsgewinne nachträglich wieder aus der Hand zu schlagen. In Fachkreisen sprach man vom „Widerrufsjoker", den viele Verbraucher in den 2010er-Jahren zogen; dabei war es ein Glück für die Banken, dass Digitalisierung und Industrialisierung damals noch nicht auf dem heutigen Stand waren, ansonsten wären einzelne Banken damals wohl ins Wanken geraten.

Recht als Kapital?

Die Erkenntnis, dass man rechtliche Ansprüche auch als Vermögenswert begreifen kann, fällt der Breite der Bevölkerung nicht aus heiterem Himmel in den Schoß. Es sind natürlich interessierte Marktakteure, die die Menschen auf ihre Rechte aufmerksam machen und sich ihnen als Helfer bei der Rechtsdurchsetzung andienen. Ein illustratives Beispiel hierfür bot die Situation am Ende der vom Verbraucherzentrale Bundesverband geführten Diesel-Musterfeststellungsklage gegen die Volkswagen AG: Beide Seiten hatten eine Vergleichsvereinbarung ausgehandelt, wonach die VW-Kunden abhängig von Modell und Laufleistung eine bestimmte individuelle Vergleichssumme gezahlt

[29] BGH v. 16. März 2016, VIII ZR 146/15, https://openjur.de/u/880360.html.

bekommen sollten. Den Kunden stand es nunmehr frei, sich in diesen Vergleich einzuklinken oder andere Wege der Rechtsdurchsetzung zu suchen. In dieser Situation gab es Anfang 2020 einen Prozessfinanzierer, der die angebotenen Vergleichssummen vor dem Hintergrund des geltenden und theoretisch erstreitbaren Rechts für zu niedrig hielt und daher den Kunden einen etwas höheren Betrag dafür anbot, dass sie dem Vergleich nicht zustimmten und ihre Ansprüche an ihn abtraten.[30] Im Kern war das ein simples Wettbieten zwischen VW und dem Prozessfinanzierer um die Ansprüche der betroffenen Verbraucher.[31] ◄

2.3.3 Wettbewerb als Chance

Wenn man die jüngsten Entwicklungen im Rechtsmarkt zusammenfasst, lässt sich also sagen: Die ursprünglich stark zulassungs- und preisregulierte Branche wandelt sich zu einem Wettbewerbsmarkt. Zulassungsvoraussetzungen, berufsrechtliche Vorgaben und Standesregeln verlieren an Einfluss – dafür nehmen Digitalisierung und Standardisierung und infolgedessen der Preisdruck zu. Der Zugang zum Recht wird breiter, das Spielfeld für Anbieter härter. Juristische Kompetenz ist allenfalls noch notwendige, jedenfalls aber nicht mehr hinreichende Bedingung für geschäftlichen Erfolg. In Zukunft müssen Juristinnen und Juristen viel mehr unternehmerisch denken, als dies bisher der Fall war. Sie müssen wissen, wie sie Kosten senken können, und wo sie im Preiswettbewerb nicht mithalten können, sollten sie in der Lage sein, ihren Mandanten den positiven Nutzen eines höheren Aufwands zu erklären. Mandanten werden sich häufig nicht mehr mit der Antwort begnügen, sie seien im Recht, sondern werden auch fragen, ob es sich *wirtschaftlich lohnt,* dieses Recht auch durchzusetzen. Wer sich die notwendigen Fähigkeiten angeeignet hat, um diese neuen Fragen zu beantworten, dem eröffnen sich freilich auch neue Chancen, die es in der Rechtsbranche des 20. Jahrhunderts nicht gegeben hätte.

Man kann diese neue Perspektive auf Rechtsdienstleistungen kritisieren als einen Sieg des Geldes über die Moral, als einen Ausdruck von blindem Turbokapitalismus anstelle von sozialer und wertebewusster Marktwirtschaft. Dann wäre die weitere Lektüre dieses Buches ein Sündenfall, und Sie sollten stattdessen lieber

---

[30] *Dunkel,* Neue Runde in der VW-Klageschlacht, Capital v. 19. März 2020.

[31] Juristisch analysiert bei *Fries,* AcP 221 (2021), 108 ff.

einen Kommentar zur Bundesrechtsanwaltsordnung studieren. Wir sehen das dezidiert anders. Denn auch wenn man für sich erkannt hat, dass Geld nicht glücklich macht, bringt es nichts, die Augen davor zu verschließen, nach welchen Mechanismen eine Branche faktisch funktioniert, wie die Konkurrenz agiert und welche Bedürfnisse die Mandanten in der Praxis umtreiben. Dieses Buch versteht sich daher als praxisnahe Anleitung: wie man dem Preisdruck entkommt, Mandanten überzeugt und sich innerhalb der sehr heterogenen Rechtsdienstleistungsbranche einen Platz sichert, der wirtschaftlich trägt und zugleich Raum für Freiheit, Unabhängigkeit und eine erfüllende berufliche Identität lässt.

3 Mechanik des Rechtsdienstleistungsmarkts

Wer im Rechtsmarkt unternehmerisch erfolgreich sein möchte, darf nicht dabei stehen bleiben, das Marktgeschehen zu beobachten, sondern sollte auch verstehen, nach welchen Gesetzen dieser Markt funktioniert. Schon bei unserem Blick auf die sich wandelnde Rechtsbranche sind wir nicht ohne einige ökonomische Grundbegriffe ausgekommen: Markt und Wettbewerb, Angebot und Nachfrage, Produzentenrente und Konsumentenrente. Die grobe Bedeutung dieser Begriffe hat sich vermutlich aus dem Kontext ergeben, eine eingehendere Erläuterung der dahinterstehenden ökonomischen Konzepte sind wir aber noch schuldig geblieben. Wer in Deutschland Jura studiert hat, dürfte mit wirtschaftswissenschaftlichen Konzepten im Regelfall kaum in Berührung gekommen sein. Sie sind aber wichtig, um zu verstehen, wie der moderne Rechtsmarkt funktioniert.

3.1 Marktteilnehmer

Die Rechtsdienstleistungsbranche in Deutschland besteht längst nicht nur aus kleinen, mittleren und großen Anwaltskanzleien. Eine wichtige Rolle spielen inzwischen auch sog. Legal-Tech-Unternehmen, die unter der Flagge der Inkassodienstleistung ebenfalls zu umfassender Rechtsberatung befugt sind. Nicht vergessen sollte man schließlich Softwareanbieter, die für Fälle von überschaubarer Komplexität vollautomatische Lösungen anbieten. Diese Angebote gelten zwar technisch nicht als Rechtsdienstleistung im Sinne von § 2 RDG, der Sache nach handelt es sich aber natürlich auch um rechtliche Beratung für konkrete Einzelfälle. Die Branche wird ergänzt durch angrenzende Märkte, z. B. Expertenportale oder Mandatsvermittler, die durch die Gestaltung ihrer Angebote durchaus auch Einfluss darauf nehmen, wie Rechtsberatungsmandate in der Praxis bearbeitet werden.

M. Fries, D. Kramer, *Legal Entrepreneurship*, essentials,
https://doi.org/10.1007/978-3-662-72589-4_3

Zulässigkeit einer Rechtsberatung aus dem Automaten
Dass eine rein automatisch erbrachte Rechtsberatung nicht in den Anwendungsbereich des Rechtsdienstleistungsrechts fällt, erscheint a priori überraschend. Denn das Rechtsdienstleistungsgesetz ist im Kern ein Verbraucherschutzgesetz, und man kann mit Fug und Recht fragen, ob Verbraucher nicht auch Schutz vor unqualifizierten Softwarelösungen verdienen. In seinem bereits erwähnten *Smartlaw*-Fall von 2021 sah der BGH das aber anders: Man könne Verbrauchern zutrauen zu wissen, dass man von einer Software keine perfekte Lösung erwarten dürfe. Für juristische Unternehmer bedeutet das: Man kann den Fesseln der berufsrechtlichen Gesetzesregeln nunmehr einfach dadurch entfliehen, dass man die Rechtsberatung automatisiert. Im Zeitalter künstlicher Intelligenz eröffnet das insbesondere für Nichtjuristen eine ganz neue Welt von innovativen Geschäftsideen im Rechtsbereich.

Die Struktur des Rechtsdienstleistungsmarkts lässt sich traditionell als atypisches Polypol beschreiben: Es gibt für ein und dasselbe Produkt – zum Beispiel eine urheberrechtliche Rechtsberatung in Berlin – zwar viele Anbieter, diese traten aber aufgrund der engen Regulierung zueinander nur begrenzt in Konkurrenz. Durch die vor allem vom BGH ermöglichte Liberalisierung der vergangenen Jahre hat der Wettbewerb zugenommen. Zugleich sind verstärkte Bemühungen einzelner Anbieter zu beobachten, sich in einer Nische zu spezialisieren und hier ein bundesweites Monopol aufzubauen. Wer durch Maßnahmen der Suchmaschinenoptimierung die Trefferliste für die Suchkombination „Pflichtteil Kinder“ anführt, hat den Wettbewerb in diesem Bereich ein Stück weit für sich entschieden und kann Gewinne erzielen, die eigentlich Monopolisten vorbehalten sind.

Lässt sich diese Beobachtung dahingehend verallgemeinern, dass juristische Unternehmer generell nach einem Monopol streben sollten, um überhaupt ein passables Einkommen zu generieren? Um diese Frage zu beantworten, müssen wir uns zunächst einmal anschauen, wie auf Märkten Preise zustande kommen. Die ökonomische Theorie hat dafür ein Modell entwickelt, das in seiner Grundform sehr einfach nachzuvollziehen ist.

3.2 Preisbildung in der idealen Marktwirtschaft

Märkte bilden das Rückgrat moderner Volkswirtschaften. Sie sind Plattformen, auf denen Angebot und Nachfrage aufeinandertreffen und Preise durch das Wechselspiel beider Kräfte gebildet werden. In einem idealen Markt herrscht vollständige Transparenz; das bedeutet, dass alle Marktteilnehmer Zugang zu denselben Informationen haben, und dass es keinen Akteur gibt, der den Preis diktieren kann.

Das ökonomische Modell des *homo oeconomicus*

Grundlage für dieses Modell ist die Annahme eines sog. *homo oeconomicus,* d. h. eines Menschen, der rational und nutzenorientiert denkt und der seinen subjektiven Nutzen eines Guts oder einer Dienstleistung in Geld ausdrücken kann. Für sehr nützliche Dinge ist der *homo oeconomicus* bereit viel Geld auszugeben, für weniger nützliche Dinge ist seine Zahlungsbereitschaft überschaubar. Das Modell des *homo oeconomicus* wird häufig missverstanden als das unethische Bild eines Menschen, der rein monetär incentiviert ist und nur nach Geld giert. Darum geht es jedoch gerade nicht: Der *homo oeconomicus* kann durchaus auch nach Liebe streben und für den Gemeinsinn brennen, diese Bedürfnisse werden nur zur rechnerischen Vereinfachung in Nutzen- bzw. Geldeinheiten übersetzt. Beispielsweise wird sich eine Mandantin, die eine Geldsumme von 1 Mio. Euro sicher erstreiten könnte, regelmäßig mit einer Vergleichssumme von 900.000 € zufrieden geben, weil sie damit die Hängepartie einer gerichtlichen Auseinandersetzung über mehrere Instanzen sowie die damit verbundene Belastung der Geschäftsbeziehung vermeiden kann und ihr dies womöglich 100.000 € wert ist.

In Abb. 3.1 sind die Präferenzen der Anbieter und Nachfrager in einem Markt mit zwei Kurven dargestellt, die von der Menge der angebotenen Güter (auf der Abszisse) und der Höhe des dafür zu zahlenden Preises (auf der Ordinate) abhängen.[1] Die Angebotskurve verläuft dabei von links unten nach rechts oben. Das bedeutet, dass kleine Mengen zu geringen Preisen und große Mengen zu großen Preisen angeboten werden. Dieser Kurvenverlauf lässt sich damit erklären, dass ein Markt besonders viele Anbieter anzieht, wenn sich hohe Preise erzielen lassen. Außerdem wird die Produktion eines Guts bei hohen Mengen irgendwann sehr teuer, weil man nicht mehr nur auf naheliegende Ressourcen zurückgreifen kann, sondern auch entlegene Ressourcen zukaufen muss. Man kann die Angebotskurve auch U-förmig zeichnen, wenn man berücksichtigt, dass die Produktion von Kleinserien mangels sog. Skaleneffekte besonders kostspielig ist, das sei im Folgenden aber außer Betracht gelassen.[2]

Die Nachfragekurve verläuft im ökonomischen Modell genau entgegengesetzt, nämlich von links oben nach rechts unten. Dieser Verlauf der Kurve erklärt sich dadurch, dass Konsumenten vor allem dann zuschlagen, wenn der Preis günstig ist. Auch hier gibt es gelegentlich gegenteilige Tendenzen; so sorgt etwa der Snob-Effekt[3] dafür, dass sich manche Menschen vor allem dann für Güter interessieren,

---

[1] *Zuckarelli,* Mikroökonomik, 2023, S. 245 ff.

[2] Weiterführend zur sog. Produktionstheorie *Göke* in an de Meulen et al. (Hrsg.), Volkswirtschaftslehre, 2024, S. 65 ff.

[3] *Thommen* et al., Allgemeine Betriebswirtschaftslehre, 10. Aufl. 2023, S. 127 f.

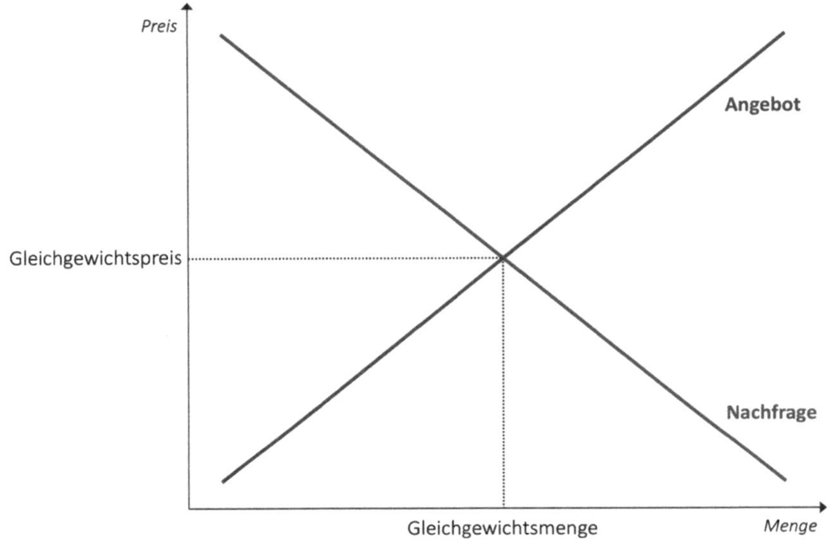

Abb. 3.1 Angebot und Nachfrage

wenn sie besonders teuer sind, auch davon können wir im Folgenden aber abstrahieren.[4]

Die Angebotskurve und die Nachfragekurve treffen sich in einem Punkt, dem sog. Marktgleichgewicht. In diesem Punkt stellen sich mit einer Art natürlichem Magnetismus die Gleichgewichtsmenge und der Gleichgewichts- bzw. Marktpreis ein. Zugleich sind Märkte dynamisch und passen sich an Veränderungen in Angebot und Nachfrage an. Neue Informationen, technologische Entwicklungen oder Änderungen der Präferenzen der Nachfrager können rasch in die Preisbildung und damit in die gesamte Marktstruktur einfließen. Tritt beispielsweise ein zusätzlicher Anbieter hinzu, verschiebt sich die Angebotskurve nach unten, der Marktpreis sinkt und die Gleichgewichtsmenge steigt; beim Marktaustritt eines Anbieters passiert das Gegenteil.

Auf diese Weise stellen Märkte sicher, dass Ressourcen dort eingesetzt werden, wo sie am dringendsten benötigt werden und den höchsten Nutzen stiften; man spricht von Ressourceneffizienz. Der Markt erreicht dies über die Signalfunktion

[4] Weiterführend zur sog. Haushaltstheorie *Zuckarelli,* Mikroökonomik, 2023, S. 149 ff.

der Preise, die Anbieter und Nachfrager darüber informieren, welche Güter knapp und welche im Überfluss vorhanden sind.

Man kann an der Darstellung schließlich auch ablesen, dass die am Markt abgeschlossenen Geschäfte sowohl für Anbieter als auch für Nachfrager nützlich sind. Man spricht auch von der Produzentenrente und der Konsumentenrente. Die Produzentenrente beschreibt den Gewinn, den Anbieter mitnehmen, weil sie für die Gütereinheiten links vom Marktgleichgewicht auch bereit gewesen wären, einen geringeren Preis zu akzeptieren. Die Konsumentenrente ist demgegenüber der Gewinn, den die Konsumenten einheimsen, wenn der Marktpreis glücklicherweise geringer als ihre individuelle Zahlungsbereitschaft ist.[5]

Konsumenten- und Produzentenrente bilden zusammen die gesamtgesellschaftliche Wohlfahrt, also den gesamtgesellschaftlichen Nutzen. Im Marktgleichgewicht ist dieser gesamtgesellschaftliche Nutzen maximal. Dabei stimuliert das Marktgeschehen auch Wettbewerb und Innovation. Unternehmen, die ihre Produkte qualitativ verbessern und unnötige Kosten einsparen, können sich besser im Markt behaupten und dadurch Marktanteile gewinnen.

3.3 Marktstörungen und Marktversagen

In der politischen Debatte liest man regelmäßig die ironische Bemerkung: Der Markt regelt das! In der Tat: Nach dem soeben erläuterten Modell müsste der Markt eigentlich vieles regeln, die Praxis sieht aber vielfach komplizierter aus. Ökonomen sprechen von Marktstörungen oder Marktversagen, wenn der Markt nicht so funktioniert, wie er im Idealbild eigentlich funktionieren sollte. Dann ist es regelmäßig die Aufgabe des Gesetzgebers, faire Marktbedingungen aktiv herzustellen.

3.3.1 Oligopole und Monopole

Eine der häufigsten Abweichungen vom Idealmarkt sind Oligopole und Monopole. Hier gibt es für ein bestimmtes Produkt oder eine Dienstleistung nur wenige oder gar nur einen Anbieter. Das führt dazu, dass sich die Angebotskurve nach oben ver-

[5] Ausführlich *Roppel* in an de Meulen et al. (Hrsg.), Volkswirtschaftslehre, 2024, S. 29 ff.; *Breyer,* Mikroökonomik, 7. Aufl. 2020, S. 102 ff.

schiebt, weil Anreize zur Kostensenkung fehlen und hohe Angebotspreise nicht durch die Konkurrenz unterlaufen werden. Zwar steigt die Produzentenrente, noch mehr aber sinkt die Konsumentenrente, und deswegen sinkt auch die gesamtgesellschaftliche Wohlfahrt.

Große Anbieter mit starker Marktmacht

Klassische Beispiele für *Oligopole* sind Tankstellen, die zuweilen in der Versuchung sind, Preise abzusprechen und damit künstlich hoch zu halten. Im juristischen Bereich wäre es vorstellbar, dass Großkanzleien Preise absprechen, um einen Preiskampf zu vermeiden. Beispiele für *Monopole* im außerjuristischen Bereich sind die Kampenwandbahn oder auch die Handelsplattform *Amazon.*[6] Im Rechtsbereich hat sich der Dienstleister *Conny* ein faktisches Monopol für die Durchsetzung der Mietpreisbremse erarbeitet. ◄

Weil mangelnder Wettbewerb für die gesellschaftliche Wohlfahrt nicht optimal ist, bemüht sich der Gesetzgeber mit den Mitteln des Kartellrechts, Preisabsprachen zwischen Oligopolisten sowie die Monopolbildung in Branchen zu verhindern. Eine Einschränkung gibt es dabei aber: Es gibt Bereiche, in denen ein temporäres Monopol rechtspolitisch gewünscht ist, weil ein Anbieter den hohen Monopolpreis braucht, um sein dem Angebot vorausgehendes Investment wieder auszugleichen. Das rechtliche Instrument für diesen Monopolschutz ist das Recht des geistigen Eigentums. Für einen bestimmten Zeitraum wird Wettbewerbern die wirtschaftliche Nutzung einer fremden Erfindung untersagt. Ohne diesen rechtlichen Schutz würde niemand in kostspielige Forschung und Entwicklung investieren, weil deren wirtschaftlicher Erfolg sonst bald nach der Marktreife von Mitessern aufgefressen würde.

Ein eingängiges Beispiel für den Schutz des geistigen Eigentums sind Patente für Impfstoffe. Hier gewährt der Gesetzgeber den Erfindern ein zeitlich begrenztes Monopol, um sie für die auch gemeinwohldienliche Forschungsarbeit zu motivieren. Im juristischen Bereich erreichen Erfindungen von Rechtsdienstleistern regelmäßig nicht die für geistiges Eigentum notwendige Originalität (sog. Schöpfungshöhe).

[6] Es gibt zwar neben *Amazon* noch andere Plattformen wie *eBay, Temu* oder *Alibaba,* in der Kundenwahrnehmung spielen sie aber u. a. wegen der Trägheit von Konsumentenentscheidungen häufig keine Rolle. In ähnlicher Weise wandern unzufriedene Bahnkunden nur sehr selten in Richtung der Fernbusse ab.

Deswegen spielen insbesondere die Rechte zum Schutz technischer Entwicklungen hier keine Rolle. Monopole im Rechtsdienstleistungsmarkt entstehen daher ohne gesetzgeberischen Schutz und sind in der Regel von begrenzter zeitlicher Dauer.

Lebenszyklus eines Rechtsdienstleistungsmonopols

Man kann den Lebenszyklus eines Rechtsdienstleistungsmonopols gut an der Geschichte des frühen Legal-Tech-Startups *Flightright* nachvollziehen: Bei der Gründung des Unternehmens im Jahr 2010 war es Pionierarbeit, die Durchsetzung von Fluggastrechten verbrauchergerecht zu digitalisieren. Heute ist das Unternehmen zwar noch Marktführer, es gibt aber eine Reihe legaler Nachahmer im Markt. Solche Entwicklungen führen dazu, dass sich die Angebotskurve nach unten bewegt und dass sich der vergleichsweise hohe Monopolpreis wieder auf einen günstigeren und für Anbieter weniger attraktiven Marktpreis reduziert. ◄

3.3.2 Informationsasymmetrien und Rationalitätsgrenzen

Ein zweiter Umstand, der regelmäßig dafür sorgt, dass das tatsächliche Marktgeschehen vom Idealbild abweicht, sind unzulängliche Information sowie die unvollständige oder verzerrte Informationsverarbeitung. Das ökonomische Idealbild unterstellt, dass die Marktteilnehmer alle Aspekte, die für ihre Konsumentscheidungen von Bedeutung sind, kennen und individuell bedürfnisgerecht würdigen. Tatsächlich aber sieht eine Nachfragerin natürlich nicht alle Angebote und stellt daher meist nur einen unvollkommenen Preisvergleich an. Auch die Qualität der einzelnen Angebote kann sie häufig nur unzureichend einschätzen. Zusätzlich wird ihre Wahrnehmung durch die Werbung in eine bestimmte, nicht unbedingt sachdienliche Richtung gelenkt. Schließlich unterliegt jeder Mensch bestimmten Rationalitätsdefiziten, die dazu führen, dass er regelmäßig versucht ist, Entscheidungen zu treffen, die seinen eigentlichen Bedürfnissen ein Stück weit widersprechen.[7]

---

[7] Ausführlich *Bühring-Uhle/Eidenmüller/Nelle,* Verhandlungsmanagement, 2. Aufl. 2017, S. 41 ff.

Dreijahresprozess oder Dreimonatskompromiss?

Beispielsweise achten viele Menschen bei ihren Konsumentscheidungen vorrangig auf deren kurzfristigen Nutzen und lassen mittel- und langfristig damit verbundene Nachteile außer Betracht. Ökonomen sprechen von zeitinkonsistentem Verhalten.[8] In der Advents- und Weihnachtszeit bedient man sich großzügig am Süßigkeitenregal, ohne über die Schwierigkeiten nachzudenken, die damit verbunden sind, sich die zusätzlichen Pfunde im neuen Jahr wieder abzutrainieren. Im juristischen Bereich sparen sich Mandanten gerne die Mühe einer kritischen Selbstreflexion und stellen hohe Forderungen an ihre Geschäftspartner, klagen sie vielleicht sogar ein, ohne darüber nachzudenken, welche erheblichen Ressourcen mit einer unter Umständen jahrelangen gerichtlichen Auseinandersetzung verbunden sind. Hinzu kommt ein irrationaler Optimismus im Hinblick auf die Erfolgsaussichten der eigenen Rechtsposition. Die Entscheidung, in einer geschäftlichen Auseinandersetzung kompromisslos aufzutreten, ist insofern ebenso üblich wie unklug. Anwälte und andere Rechtsdienstleister können diese Entscheidungsfehler durch umsichtige Beratung korrigieren, indes erliegen sie ihrerseits häufig der Versuchung, an der Zuspitzung eines Konflikts mitzuwirken und damit schnelle Verfahrens- und Terminsgebühren zu generieren. Langfristig ist das nicht unbedingt eine weise Entscheidung, denn Anwälte habe eigentlich ein großes Interesse an einer Weiterempfehlung durch zufriedene Mandanten. Diese Zufriedenheit ist in der Regel bei einem Dreimonatskompromiss deutlich größer als bei einem Dreijahresprozess. ◄

Die Neue Institutionenökonomik und die Verhaltensökonomik beschäftigen sich seit langem damit, diese Abweichungen vom Idealbild zu kartieren und einzuhegen. Auch in der Rechtswissenschaft sind diese Phänomene seit langem bekannt, von einem sachgerechten Umgang mit Informationsproblemen ist das Gesetz allerdings noch weit entfernt. Die klassische gesetzgeberische Antwort insbesondere des europäischen Privatrechts besteht darin, die Konsumenten mit Informationen zu fluten. Dabei ist aus der Forschung seit langem bekannt, dass ein *information overload* eher das Gegenteil als eine gute, aufgeklärte Entscheidung eines Individuums bewirkt, nämlich die schnelle Kapitulation vor der Komplexität eines Vorgangs und die Beschränkung der Wahrnehmung auf die absoluten Kernpunkte der Konsumentscheidung. Selbst dort, wo der Gesetzgeber über die Preisvorgaben des RVG den Markt zu standardisieren sucht, entzieht sich die Praxis regelmäßig der

[8] Ausführlich *Kolmar,* Grundlagen der Mikroökonomik, 2. Aufl. 2021, S. 488 ff.

damit verbundenen Transparenz und weicht auf eine Vergütung nach Stundensätzen aus, die abhängig von der Erfahrung und Reputation der mandatsführenden Anwältin stark variieren.

3.3.3 Externalitäten

Ein dritter Aspekt, der das Marktgeschehen verzerrt, ist das Auftreten sog. externer Effekte bzw. Externalitäten. Von Externalitäten spricht man, wenn ein Marktakteur zugunsten unbeteiligter Dritter Nutzen stiftet, ohne eine Belohnung dafür zu erhalten (positive Externalitäten), oder Kosten zum Nachteil Dritter verursacht, ohne selbst damit belastet zu sein (sog. negative Externalitäten). Aus ökonomischer Sicht verzerren Externalitäten den Markt, insbesondere wenn Güter oder Dienstleistungen im Falle von negativen Externalitäten zu billig gehandelt werden. Das Standardrezept zur Bewältigung dieses Problems ist die Internalisierung der externen Effekte, beispielsweise durch Gebühren oder Steuern, die der Verursacher der Externalität zu tragen hat und die sein Kalkül wieder geraderücken.[9]

Ein Beispiel für negative Externalitäten sind Abgase oder andere Emissionen, die von Einzelnen verursacht werden, deren Auswirkungen auf das Klima aber die gesamte Menschheit einschließlich zukünftiger Generationen zu tragen hat. Eine Internalisierung dieser Externalitäten könnte mit einer CO_2-Steuer erfolgen. Diese müsste so ausgestaltet und bemessen sein, dass das Einfangen der freigesetzten Schadstoffe damit vollständig bezahlt und bestehende Unsicherheiten vollständig versichert werden können.

Externe Effekte in der Rechtspflege

Im Rechtsdienstleistungsbereich produziert beispielsweise ein vor dem Bundesgerichtshof verglichener Verbraucherstreit regelmäßig einen hohen, von den Gerichtskosten kaum aufgefangenen Justizaufwand, ohne dass dem ein adäquater Gewinn an Rechtssicherheit zugunsten des Steuerzahlers gegenüberstünde. Diese negative Externalität zu Lasten der Allgemeinheit ließe sich dadurch auffangen, dass die Gerichtskosten beim BGH allgemein oder zumindest für den Vergleichsfall aufwandsgerecht erhöht würden. ◄

[9] Ausführlich *Scheufen,* Angewandte Mikroökonomie und Wirtschaftspolitik, 2. Aufl. 2020, S. 249 ff.

3.4 Bewusste Positionierung im Rechtsmarkt

Die bisherige Darstellung schürft nur an der Oberfläche der betriebswirtschaftlichen Durchdringung des Marktgeschehens. Ein ökonomisches Lehrbuch könnte noch viele andere Aspekte nennen, hinsichtlich derer die Wirklichkeit komplexer ist als das wirtschaftstheoretische Ideal. An dieser Stelle soll uns der Befund genügen, dass in der Rechtsdienstleistungsbranche erhebliche Marktkräfte herrschen und dass diese zugleich in mancherlei Hinsicht Anomalien zeigen, die den freien Wettbewerb beeinträchtigen.

Soweit das Spiel von Angebot und Nachfrage funktioniert, tun Rechtsdienstleister gut daran, das Leistungsversprechen ihrer Konkurrenten qualitativ zu überbieten. Gerade in der gegenwärtigen Situation kann dies regelmäßig schon dadurch gelingen, dass sie ihre Mandanten verständlich informieren und dabei die Komplexität rechtlicher Fragen in eine nachvollziehbare und bedürfnisorientierte Darstellung überführen. Dabei sollte die Beratung auch externe Effekte einbeziehen, die den Nutzen des Mandanten in verschiedenen Szenarien unterschiedlich beeinflussen können.

Jenseits der Dienstleistung selbst werden Rechtsdienstleister in Zukunft mehr noch als heute auch den Preis ihrer Beratungstätigkeit im Blick haben müssen. Unter Umständen gelingt es ihnen, sich eine faktische Monopolstellung zu erarbeiten und dadurch dem Preiswettbewerb zeitweise zu entrinnen. Im Übrigen werden sie nicht umhinkommen, unnötige Kosten einzusparen, um nicht im Preiswettbewerb zu unterliegen. Hier liegt gerade für Kanzleien und Notariate eine der unbequemsten Herausforderungen der Gegenwart. Denn die Arbeit mit unübersichtlichen Datenbeständen und großen Sekretariaten ist für viele von ihnen so prägend, dass eine grundlegende Digitalisierung und Verschlankung schier undenkbar erscheint. Zugleich setzen Konkurrenz und Fachkräftemangel starke Impulse für zügiges Handeln. Das nächste Kapitel widmet sich der Frage, wie diese unternehmerische (Neu-)Ausrichtung eines Rechtsdienstleistungsangebots konkret gelingen kann.

Unternehmerischer Blick auf das anwaltliche Mandat

4

Ein Geschäftsmodell ist unternehmerisch sinnvoll, wenn es schwarze Zahlen schreibt, also Gewinne erwirtschaftet. Diese lassen sich monetär als Erlöse abzüglich der Kosten verstehen.[1] Arbeiten Teilhaber eines Unternehmens aktiv mit, kann es sinnvoll sein, auch nicht-monetäre Gesichtspunkte zu berücksichtigen und insofern breiter nach dem optimalen Kosten-Nutzen-Verhältnis eines Geschäfts zu fragen. Dieses Verhältnis bezeichnet man als *Effizienz*. Ein Geschäft gilt als effizient, wenn es den unternehmerischen Nutzen maximiert, d. h. wenn jede zusätzliche Einsparung oder Investition mit einer Verringerung dieses Nutzens verbunden wäre.[2]

4.1 Rechtsdienstleistungsmandat als Principal-Agent-Beziehung

In diesem Zusammenhang gilt es zunächst zu überlegen, auf wessen Kosten und Nutzen es ankommt: denjenigen der Mandantin oder denjenigen des Rechtsdienstleisters? Grundsätzlich sind Rechtsdienstleister durch den Mandatsvertrag rechtlich verpflichtet, ihre Rechtsberatung ausschließlich an den Interessen ihrer Mandanten zu orientieren. Faktisch haben sie als Agenten ihrer Mandanten aber selbstverständlich Eigeninteressen, die mit denen ihrer Mandanten nur teilweise deckungsgleich sind.

[1] Details zur sog. Kosten- und Leistungsrechnung bei *Daum/Petzold/Pletke,* BWL für Juristen, 3. Aufl. 2016, S. 167 ff.; *Thommen* et al., Allgemeine Betriebswirtschaftslehre, 10. Aufl. 2023, S. 310 ff.

[2] Sog. Kaldor-Hicks-Kriterium, dazu *Scheufen,* Angewandte Mikroökonomie und Wirtschaftspolitik, 2. Aufl. 2020, S. 17 ff.

M. Fries, D. Kramer, *Legal Entrepreneurship*, essentials,
https://doi.org/10.1007/978-3-662-72589-4_4

Gebührenanreize in der anwaltlichen Rechtsberatung

Man kann die Interessendivergenz zwischen Anwälten und Mandanten an den Gebührenanreizen im Zivilprozess ablesen. Zunächst verdienen Anwälte ihre Verfahrens- und Terminsgebühr unabhängig davon, ob ihre Prozessanträge erfolgreich sind; dadurch besteht ein für den Mandanten nachteilhafter Anreiz, aufseiten einer Anspruchstellerin verfrüht Klage zu erheben bzw. es aufseiten einer Anspruchsgegnerin unnötig auf ein Klageverfahren ankommen zu lassen. Befinden sich die Parteien dann in einer mündlichen Verhandlung, stiftet die Einigungsgebühr für die Anwälte einen Anreiz, zulasten ihrer Mandanten einen Vergleich zu schließen, statt das womöglich aussichtsreiche bisherige Prozessbegehren voll weiterzuverfolgen.[3] ◄

Eine umfassende unternehmerische Betrachtung tut gut daran, die Interessen sowohl der Mandanten als auch ihrer Rechtsberater in den Blick zu nehmen. Letzten Endes wird sich dabei zeigen, dass es sogar unternehmerisch sinnvoll sein kann, beide in Kongruenz zueinander zu bringen.

4.2 Mandantenperspektive

Eine zentrale Rolle bei der Bewältigung von Rechtsstreitigkeiten spielt die Verfolgung rechtlicher Ansprüche. Der Bundesgerichtshof verlangt Anwälten dabei seit langem standardmäßig ab, ihren Mandanten den sichersten Weg zur Durchsetzung ihrer Ansprüche zu weisen.[4] Bei dieser Forderung kommt freilich zu kurz, dass Rechtsansprüche in ihrer Verwirklichung fast immer unsicher sind. Ob sich ein einer Forderung zugrunde gelegter Sachverhalt mit den Mitteln des Beweisrechts feststellen lässt ist ebenso unsicher wie die Frage, wie das Gericht die entscheidenden Rechtsfragen beantwortet, welche weiteren Instanzen mit der Sache befasst sein werden und welche Hindernisse schließlich in der Vollstreckung eines erstrittenen Titels lauern mögen.

[3] Terminsgebühr nach Nr. 3104 VV RVG, Einigungsgebühr nach Nr. 1000, 1003 f. VV RVG.

[4] Zuletzt etwa BGH v. 19. September 2024, IX ZR 130/23, https://openjur.de/u/2495525.html; ebenso seinerzeit auch schon das Reichsgericht, vgl. etwa RGZ 151, 259, 264 f.

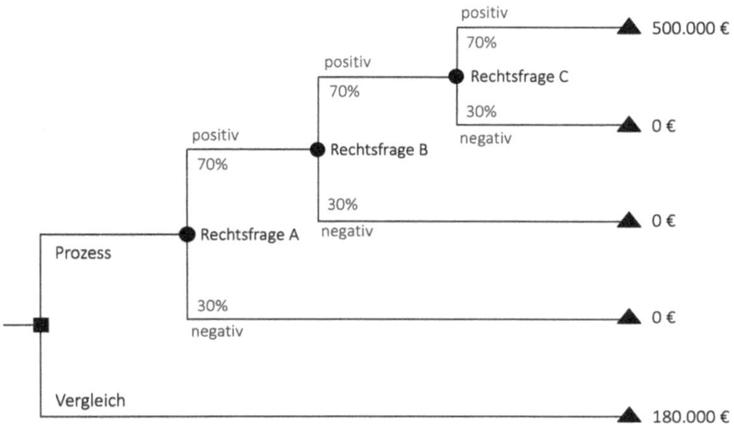

Abb. 4.1 Prozessrisikoanalyse

Mit einer sog. *Prozessrisikoanalyse* kann man diese Unsicherheiten strukturiert erfassen und ihren wirtschaftlichen Unwert für den Mandanten bestimmen. Dazu stellt man die Entscheidungsstruktur eines Konflikts in einer Baumstruktur dar, die bei jeder Unsicherheit mehrere Äste für die denkbaren Szenarien vorsieht. Wenn beispielsweise unsicher ist, ob eine Zeugin die Geschäftsfähigkeit einer Vertragspartei bestätigen wird, teilt sich der Ast in zwei Unteräste. Für jeden (Unter-) Ast schätzt man sodann die Wahrscheinlichkeit, dass dieses Szenario eintritt. Schließlich multipliziert man den Zielwert des Konflikts mit der Wahrscheinlichkeit seines Eintritts und errechnet daraus den sog. Erwartungswert des Rechtsstreits. Berühmt sich jemand beispielsweise eines Anspruchs auf Zahlung von 500.000 €, hängt die Verwirklichung dieser Forderung allein von der o. g. Frage der Geschäftsfähigkeit einer Vertragspartei ab und ist die Bestätigung der Geschäftsfähigkeit mit einer Wahrscheinlichkeit von 90 % zu erwarten, so beträgt der Erwartungswert des Rechtsstreits 500.000 € * 90 % = 450.000 €.

In der Regel hängt der Ausgang eines Konflikts natürlich nicht nur an einer einzigen Frage, und in der Regel muss man auch seriöserweise deutlich geringere Wahrscheinlichkeiten für ein günstiges Szenario ansetzen. So kommt man bei einer Forderung in Höhe von 500.000 €, deren Verwirklichung entsprechend der Darstellung in Abb. 4.1 von drei Rechtsfragen abhängt, die jeweils mit einer Wahrscheinlichkeit von 70 % zu eigenen Gunsten zu beantworten sind, auf einen Erwartungswert von nur noch 500.000 € * 70 % * 70 % * 70 % = 171.500 €. Wem es gelingt, seinen Optimismus zu bändigen und mit kühlem Kopf diese Rechnung anzustellen, wird also einem Vergleichsangebot über 180.000 € gerne zustimmen, obwohl er eigentlich bei jeder Teilfrage des Konflikts gute Chancen hat.[5]

Gerichtsprozesse sind selten ruhige Gewässer – eher stürmische Seen. Und in rechtlichen Auseinandersetzungen geht es den Beteiligten oft nicht (nur) um das Recht, sondern um dahinterliegende Interessen. Das Recht liefert zwar die argumentative Bühne, ist aber in der Regel selbst dort kein Selbstzweck, wo jemand die häufig verwendete Phrase verwendet, es gehe ihm „ums Prinzip". Denn je klarer man erkennt, dass die Rechtsdurchsetzung zum Nachteil des Geschäftspartners auch mit erheblichen eigenen Nachteilen verbunden ist, desto mehr schwindet das Bedürfnis, dem Anderen „eine Lektion zu erteilen". Mandanten genau dafür zu sensibilisieren und sie auch vor den Nachteilen der gerichtlichen Rechtsdurchsetzung zu warnen, gehört zu den zentralen Beratungspflichten eines Rechtsdienstleisters.

Interessenorientierte Rechtsberatung nach dem Harvard-Konzept
Die Einsicht, dass kluges Konfliktmanagement nicht auf Rechtspositionen beharren, sondern vor allem auf die außerrechtlichen Bedürfnisse der Betroffenen schauen sollte, stammt aus der US-amerikanische Verhandlungsforschung des späten 20. Jahrhunderts. Das sog. *Harvard-Konzept* beschreibt die Interessen der Parteien als zentrale *Enabler* für gute Verhandlungsergebnisse. Wer vorrangig auf die Interessen schaut, wird nicht versuchen, vergangene Ereignisse zulasten eines Beteiligten zu beurteilen, sondern stattdessen unter Berücksichtigung der Motive der Parteien deren zukünftige Geschäftsbeziehung gemeinsam zu gestalten. Geht es in einem Rechtsstreit zum Beispiel vordergründig um die Frage, ob die Geschäftsführerin einer GmbH rechtmäßig gekündigt wurde, kann man die Kündigung juristisch aufrechterhalten oder kippen. Oder aber man schaut auf die hinter dieser Verrechtlichung verborgenen vielfältigen Interessen der Beteiligten: So mögen die Gesellschafter etwa ein Interesse daran haben, dass sich ein bestimmtes Verhalten der Geschäftsführerin nicht wiederholt und dass ein bestimmter Vorgang nicht in der Presse landet, derweil könnte es für die Geschäftsführerin wichtig sein, finanziell respektabel aus der Sache herauszukommen und ihre bisher gute Reputation im Markt zu wahren. Ob sie in ihrer bisherigen Funktion verbleibt, ist im Hinblick auf diese Interessen fast schon sekundär.

Diese Erkenntnisse gelten nicht nur für Privatpersonen, sondern gerade auch für unternehmerische Mandanten. In einer Kapitalgesellschaft spielen Rendite und Verlustvermeidung zwar eine große Rolle, aber die Geschäftsführer müssen auch hier darauf achten, unvorteilhafte Nebeneffekte der Prozessführung zu vermeiden. Gute Unternehmer, die eine Summe von 1 Mio. Euro beanspruchen, werden bereit sein, von ihrer Forderung substanzielle Abschläge hinzunehmen, um Prozess-

[5] Mit einem ähnlichen Beispiel *Eidenmüller*, ZZP 113 (2000), 5 (8 ff.); monographisch *Risse/Morawietz*, Prozessrisikoanalyse, 2017.

risiken zu vermeiden, um die Ressourcen ihrer Rechtsabteilung für wichtigere Projekte zu schonen, um die Geschäftsbeziehung mit dem Verhandlungspartner gesichtswahrend fortführen zu können und um sich unangenehmer Publicity zu entziehen.

4.3 Perspektive des Rechtsdienstleisters

Unter dem Strich ist für Mandanten also wichtig, den Rechtsstreit zu einem Ergebnis zu führen, das die Befriedigung ihrer monetären und nicht-monetären Interessen insgesamt maximiert. Ein guter Rechtsdienstleister wird dies sehen und würdigen – und verfolgt doch zugleich auch Eigeninteressen, die die Bedürfnisse des Mandanten unter Umständen sogar überlagern können. Weil Rechtsdienstleistungen in aller Regel beruflich erbracht werden, steht für die Dienstleister meist das monetäre Gewinninteresse im Vordergrund. Den unternehmerischen Gewinn können sie steigern, indem sie entweder den Umsatz erhöhen und/oder die Kosten reduzieren.

Ethos vs. Kommerz?

Im Umfeld der Rechtsanwaltskammern begegnet man zuweilen der Aussage, Rechtsanwälte seien Organe der Rechtspflege; ihr hohes Berufsethos verwehre es ihnen, die Anwaltstätigkeit vorrangig zur Gewinnerzielung zu betreiben. Mit der Praxis hat dieses hehre Anwaltsbild freilich wenig zu tun. Anwälte sind nicht die Caritas – und sie müssen es auch nicht sein. Es ist absolut legitim, Rechtsberatung zur Gewinnerzielung zu betreiben und diese Gewinne auch maximieren zu wollen, solange die Tätigkeit den dafür gesetzlich vorgegebenen Rahmen einhält. Man darf beispielsweise nicht flunkern, um sich oder der Mandantin einen Vorteil zu schaffen.[6] Daran ändert sich auch nichts, wenn „nur“ eine Versicherung den Schaden zu zahlen hat. Indessen darf man sehr wohl für außergewöhnliche Leistungen besonders hohe Stundensätze verhandeln, und man darf sich natürlich auch dort spezialisieren, wo es besonders viel zu holen gibt. ◄

[6] Selbst kleine Lügen mit dem Ziel, sich dadurch einen wirtschaftlichen Vorteil zu verschaffen, sind *de lege lata* als Betrug strafbar nach § 263 StGB. *De lege ferenda* deutlich großzügiger *Jung,* Täuschungen in unternehmerischen Vertragsverhandlungen, 2024, S. 804 f.

4.3.1 Nutzenmaximierung

Es versteht sich von selbst, dass Rechtsdienstleister Umsatz und Gewinn erhöhen können, wenn sie ihr Geschäftsmodell deutschlandweit oder sogar international ausrollen, ohne dass die Kosten in gleichem Maße mitsteigen. Skalieren gehört zur Standardklaviatur in der Investmentbranche und wird von den Protagonisten der Legal-Tech-Szene wie selbstverständlich mitgedacht. Klassische Anwaltskanzleien operieren in Deutschland eher noch regional, auch hier gibt es aber einen Trend dazu, Rechtsdienstleistungen bundesweit zu vermarkten, um das einmal getätigte intellektuelle Investment zu einer höheren Rendite zu führen.

Neben einer verstärkten Marktdurchdringung lässt sich der Umsatz auch durch eine Preiserhöhung steigern. Freilich hat der in Kap. 3 angestellte Blick auf die Gesetze des Marktes gezeigt, dass im Normalfall nicht ein einzelner Anbieter den Preis setzt, sondern der Markt den Preis diktiert. Eine Anwältin kann also ihren Umsatz eigentlich nicht durch eine Erhöhung ihrer Stundensätze steigern, denn dies würde in einer Wettbewerbssituation sofort dazu führen, dass ihre Mandanten zur günstigeren Konkurrenz abwandern. Es braucht daher Alleinstellungsmerkmale (sog. *unique selling points*), die es ihr erlauben, eine höhere Vergütung im Marktvergleich zu rechtfertigen. Was sind typische Alleinstellungsmerkmale, mit denen Rechtsdienstleister heute punkten können? Oder anders gefragt: Was sind typische Unzulänglichkeiten der traditionellen Rechtsberatungsbranche, die bis heute fortbestehen?

Der wichtigste Trigger, der die Zahlungsbereitschaft der Mandantschaft erhöht, ist die Verbesserung der Rechtsberatungsqualität. Dabei kommt es nicht allein auf die Punktzahl im Staatsexamen, sondern gerade auch auf Praxisexpertise aus vergleichbaren Fällen an. Diese Expertise gewinnt man im Zweifel nicht als Feld-, Wald- und Wiesenanwalt, der vom Vertragsrecht über das Gesellschaftsrecht bis hin zum Strafrecht in seinem Bauchladen die ganze Bandbreite feilbietet, sondern durch Spezialisierung auf ein sehr enges Rechtsgebiet, das insbesondere auch wesentlich enger als die Fachanwaltschaften zugeschnitten ist.

Die Sorge um das verpasste Mandat

Für viele Berufseinsteiger ist eine Spezialisierung kontraintuitiv; sie wollen sich keinen potenziellen Auftrag abschneiden und fühlen sich geehrt, jedes Mandat anzunehmen, das ihnen angetragen wird. Im Einzelfall kann das auch nachvollziehbar sein, wenn jemand die eigenen Interessengebiete noch nicht genau kennt und abwarten möchte, in welchen Rechtsbereich ihn das Leben verschlägt. In der Regel ist es aber besser, die frühe Berufszeit für eine Spezialisierung zu nutzen, mit der man dem knapp kalkulierten Wettbewerbspreis ein Stück weit entfliehen kann. So wird man vielleicht nicht die hundertste Scheidungsanwältin in München, aber stattdessen die erste Maschinendatenrechtsspezialistin in Bayern. Und wenn das Herz nun einmal fürs Familienrecht schlägt, ist immer noch zu erwägen, sich vielleicht auf eine enge Nische, beispielsweise deutsch-amerikanische Rechtsstreitigkeiten zu spezialisieren. ◀

Neben der Erfahrung aus dreihundert ähnlichen Mandaten gibt es noch weitere Qualitätskriterien, über die sich Rechtsdienstleister von der Konkurrenz abheben können. Man sollte dabei insbesondere die scheinbar weichen Faktoren nicht übersehen. Entscheidend für die Qualität eines Rechtsberatungsprodukts ist nicht nur das erzielte Ergebnis, sondern auch der Weg dorthin. Manche Mandanten wertschätzen Erreichbarkeit um die Uhr, andere schätzen den persönlichen Kontakt zur verantwortlichen Anwältin, wieder andere wünschen sich einen Anwalt mit Glamourfaktor oder sind durch ein modernes Dokumentenmanagement zu begeistern. Tendenziell gilt: Alles, was eine Rechtsdienstleisterin von der Masse abhebt, ist potenziell dazu geeignet, eine großzügigere Vergütung zu rechtfertigen.

Gutes Gespür für die Bedürfnisse der Mandanten ist auch heute noch keine Selbstverständlichkeit. Die juristische Ausbildung mit ihrer strengen Ausrichtung auf die Rechtserkenntnis blendet *soft skills* wie Empathievermögen und eine Dienstleistermentalität fast vollständig aus. Insofern verwundert es nicht, wenn auch Verträge und Gesetze in der Regel so technisch formuliert sind, dass ihre Adressaten sie nicht verstehen. Vor diesem Hintergrund erscheint es dann schon geradezu revolutionär, wenn es innerhalb der Rechtspflege einen kleinen Trend gibt, Rechtssprache verständlicher zu gestalten. Von „Legal Design" ist die Rede, davon darf man inzwischen durchaus einmal gehört haben.[7]

▶ **Definition: Legal Design** Im Kern beschreibt der schillernde Begriff des *Legal Design* nichts anderes als die nutzergerechte Ausgestaltung einer Rechtsdienstleistung.

[7] Lesenswert *Klemola/Kohlmeier,* Das Legal Design Buch, 2021, S. 51 ff.; *Steinbrecher/Breidenbach,* Handbuch Digitale Rechtsabteilung, 2024, S. 115 ff.; *Breidenbach,* Was Gesetze sein könnten, 2025, passim.

4.3.2 Kostenminimierung

Wenn sie sich um Gewinnmaximierung bemühen, können Rechtsdienstleister nicht nur die Umsatzschraube nach oben, sondern auch die Kostenschraube nach unten drehen. In der Regel sind hier Personalkosten der größte Faktor. Das gilt insbesondere in der Kanzleiwelt, wo die meisten Sozietäten seit jeher mit großen Sekretariaten arbeiten, in denen unter anderem Diktate verschriftlicht, Termine koordiniert, Formulare verwaltet und buchhalterische Tätigkeiten abgewickelt werden. Im Zeitalter von Digitalisierung und Automatisierung versteht sich von selbst, dass sich die Zahl der Verwaltungsmitarbeiter im Vergleich zu früheren Zeiten deutlich verringern wird.

Etwas differenzierter gestaltet sich das Bild im Hinblick auf die Zahl der juristischen Angestellten. Das auf Profit getrimmte Modell Großkanzlei arbeitet traditionell mit einer großen Zahl von Associates; weil die Partner an deren *billable hours* gut mitverdienen können. In jüngerer Zeit haben sich auch einzelne Verbraucherkanzleien daran ein Beispiel genommen. Diese steile Pyramide mit einzelnen Kanzleieignern an der Spitze ist allerdings nicht langfristig in Stein gemeißelt. Denn die wenig anspruchsvollen, repetitiven Tätigkeiten, die bisher die Associates in den Datenräumen der M&A-Deals übernommen haben, werden zukünftig in erheblichem Umfang von Software übernommen werden. Es wird schwieriger werden, den Mandanten Berufseinsteiger ohne Fallexpertise zu satten Stundensätzen zu verkaufen. Auch wenn die Einstiegsgehälter für Topabsolventen aktuell nur eine Richtung kennen und leistungswillige Junganwälte bereits binnen fünf Jahren die erste Million gescheffelt haben können,[8] werden die goldenen Verdienstchancen für Neulinge in Zukunft weit stärker davon abhängen, ob sie das Skillset eines erfolgreichen Partners mitbringen: Unternehmerisch denken, neue Rechtsbereiche früh besetzen, guten Content liefern, die Mandantin mit kreativen Lösungen überzeugen. Die bloße Bereitschaft, allwöchentlich 80 h zu schrubben, wird in Zukunft nicht mehr für ein Spitzengehalt reichen.

[8] Im Frühjahr lag das höchste Einstiegsgehalt für *First Year Associates* inkl. Bonus bei 194.000 €. Ein aktuelles Gehaltsranking erreicht man unter https://www.azur-online.de/gehalt/einstiegsgehaelter/.

Das Gesetz des abnehmenden Grenznutzens
Werbeveranstaltungen großer Kanzleien, die mehr oder minder subtil längst auch an juristischen Fakultäten Einzug gehalten haben, locken den Nachwuchs gerne mit hohen Einstiegsgehältern an. Im Jahr 2023 sorgte eine junge Münchener IT-Rechts-Boutique mit einem Einstiegsgehalt von bis zu 300.000 € für Schlagzeilen.[9] Wer den Nimbus des großen Geldes pflegen möchte, kommt hier sowohl auf Arbeitgeber- als auch auf Arbeitnehmerseite auf seine Kosten. Unternehmerisch betrachtet ist aber Vorsicht geboten. Kanzleien tun gut daran zu berücksichtigen, dass Associates in ihrer 80. Wochenstunde kaum so produktiv arbeiten werden wie in ihrer 40. Wochenstunde. Zugleich müssen die Arbeitgeber Überstunden teuer erkaufen, denn die meisten Junganwälte sind für Mehrarbeit nur gegen ein erhebliches Schmerzensgeld bereit. Ob dieses Schmerzensgeld freilich aus der Warte der Associates seinen Preis wert ist, darf man mit Fug und Recht bezweifeln. Denn je weniger Freizeit jemand hat, desto kostbarer ist jede einzelne Stunde dieser Freizeit; und je mehr Geld man dank horrender Einstiegsgehälter anhäuft, desto weniger Nutzen stiftet jeder zusätzliche Euro. Ökonomen sprechen vom Gesetz des abnehmenden Grenznutzens.[10]

Als unternehmerisch denkender Rechtsdienstleister sollte man also kostenbewusst handeln und jeden Cent, den man ausgibt, auf den Prüfstand stellen. Womöglich führt das bisweilen zu unkonventionellen Ergebnissen. So mag es beispielsweise eine im Markt bekannte Schiedsrichterin ganz bewusst bei einer Ein-Personen-Kanzlei ohne Angestellte belassen, die ihr ein Jahreseinkommen von 200.000 € beschert, wenn sie sich klarmacht, dass sie bei Gründung einer Konfliktmanagement-Boutique mit einem Dutzend Angestellten zwar ihr Jahreseinkommen verzehnfachen könnte, dass sie dabei aber auch 20 Wochenstunden länger arbeiten müsste und ihre Freizeit mehr wertschätzt als einen Stapel Geld, das auszugeben ihr die Zeit fehlt.

Unnötige Kostenfaktoren zu kürzen bedeutet nicht, einen strikten Sparkurs zu fahren. Unternehmerisch entscheidend ist nicht die Höhe einer Investition, sondern der daraus zu erwartende Ertrag. So kann es beispielsweise für eine deutschlandweit tätige Medienrechtskanzlei reizvoll sein, für ein Mandantenevent einen bekannten TikTok-Influencer aufzufahren, selbst wenn dessen Stundenlohn bei 20.000 € liegt. Wenn die Wahrscheinlichkeit auch nur bei 10 % liegt, dass sich dadurch ein Mandat im Wert von 250.000 € ergibt, hat sich das Projekt bereits gelohnt.

[9] Berichtet auf https://www.forum-zur-letzten-instanz.de/showthread.php?tid=11240.

[10] *Scheufen,* Angewandte Mikroökonomie und Wirtschaftspolitik, 2. Aufl. 2020, S. 31 f.

4.4 Gemeinsame Interessen von Mandant und Rechtsdienstleister

Der Blick auf die Einzelperspektiven von Rechtsdienstleistern einerseits und Mandanten andererseits zeigt: Auch wenn es sich um eine Prinzipal-Agenten-Beziehung handelt, sollte es nicht vorrangig darum gehen, dass sich der Rechtsdienstleister am Mandanten bereichert. Zweifelsohne gibt es die Fälle, in denen Anwälte durch horrende Honorarforderungen ungut von sich reden machen. So sorgte etwa vor einigen Jahren in München ein Anwalt für Aufsehen, der dem seinem Mandanten für die zeitlich überschaubare Ausarbeitung eines Geschäftsführervertrags knapp 56.000 € in Rechnung stellte.[11] Unter Umständen ist eine solche Gebührenforderung schon aus vertragsrechtlichen Gründen hinfällig.[12] Sie ist aber jedenfalls fast immer auch unternehmerisch unklug. Denn das schnelle Geld geht auf Kosten der eigenen Reputation und beschädigt damit nachhaltig die Verdienstgrundlage für die Zukunft. Das einmal verspielte Ansehen im Markt gewinnt man nicht so leicht zurück. Oder würden Sie eine fachlich hochqualifizierte Anwältin empfehlen, bei der man damit rechnen muss, dass die Honorarnote für Ärger sorgt?

Man kann diesen Punkt im Grunde nicht deutlich genug unterstreichen, weil er in der juristischen Ausbildung regelmäßig zu kurz kommt. Geld verdienen Anwälte nicht gegen ihre Mandanten, sondern mit ihren Mandanten, d. h. indem sie die Probleme ihrer Mandanten unternehmerisch sinnvoll zu lösen helfen und die Mandanten damit zufrieden machen.[13] Die theoretisch begründbare Interessendivergenz der Prinzipal-Agenten-Beziehung zwischen Rechtsdienstleister und Mandant sollte sich daher in einer guten unternehmerischen Praxis in Wohlgefallen auflösen.

Frühe Rechnung oder späte Rechnung?

Gerade in neu aufgenommenen Mandatsbeziehungen ist es erwägenswert, die Rechnung lieber zu spät als zu früh zu stellen. Denn solange das Problem nicht gelöst ist, ist der Nutzen der rechtlichen Beratung auch noch nicht in voller Blüte sichtbar. Auch wenn es rechtlich zulässig ist, bereits vorab eine Teilrechnung zu stellen, spricht zumindest bei solventen Mandanten mitunter viel

[11] Berichtet im Urteil des OLG München v. 30. November 2016, 15 U 1298/16 Rae, https://openjur.de/u/2293956.html.

[12] EuGH v. 12. Januar 2023, C-395/21, https://datenbank.nwb.de/Dokument/1015393/.

[13] *Daum/Petzold/Pletke,* BWL für Juristen, 3. Aufl. 2016, S. 36 f.

dafür, die Honorarnote erst am Ende eines Mandats oder eines Projekts zu übermitteln. Wenn die Sache insgesamt schlecht gelaufen ist, gewähren manche Rechtsdienstleister dann sogar noch Abschläge, obwohl sie eigentlich mehr Geld verlangen könnten. Auch das kann unternehmerisch sehr geschickt sein, denn wer eine Anwältin in der Krise als großzügig erlebt, wird sie bei nächster Gelegenheit wahrscheinlich erneut mandatieren. Verhaltensökonomen sprechen von einem Reziprozitätsbedürfnis: Wenn uns jemand etwas schenkt, fühlen wir uns häufig verpflichtet, uns alsbald zu revanchieren. ◄

Kommunikation und People's Business

5

Wenn es unternehmerisch sinnvoll ist, dass Rechtsdienstleister eine echte Dienstleistungsperspektive einnehmen, also ihr Augenmerk darauf legen, gemeinsam mit ihren Mandanten unternehmerisch gute Lösungen zu erarbeiten, dann gilt: Der Ton macht die Musik. Juristinnen und Juristen arbeiten mit Sprache: Sie erstellen Verträge und Schriftsätze, vermitteln Überlegungen an Mandanten und vertreten sie in Verhandlungen vor Gericht. Dafür ist es von zentraler Bedeutung, die Sprache der Mandanten zu sprechen. Vereinfacht kann man sagen: Unternehmersprache verstehen viele, teilweise sogar Privatpersonen, demgegenüber stiftet man mit Juristendeutsch regelmäßig nur Verwirrung. Obwohl Studium und Referendariat dies kaum vermitteln, sollten unternehmerisch denkende Rechtsdienstleister in der Lage sein, rechtliche Bewertungen klar und verständlich zu kommunizieren – auch wenn es um unbequeme Wahrheiten geht.

5.1 Grundlagen der Kommunikationstheorie

Eines der wichtigsten Konzepte der modernen Kommunikationstheorie sind die in Abb. 5.1 dargestellten Vier Seiten einer Nachricht von *Friedemann Schulz von Thun.*[1] Im Kern geht es darum, dass Sprache mehrdeutig ist und sich Aussagen in ihrer Mehrdeutigkeit regelmäßig nicht kontrollieren lassen. Wer der Gegnerin per Anwaltsschriftsatz mitteilt, er habe sich für deren Rückmeldung eine Frist zum nächsten Monatsersten notiert, lässt sie in der *Sache* wissen, dass er sich eine solche Terminnotiz gemacht hat. Auf der Ebene der *Selbstoffenbarung* kann man der

[1] *Schulz von Thun,* Miteinander reden, 1998, S. 25 ff.

M. Fries, D. Kramer, *Legal Entrepreneurship*, essentials,
https://doi.org/10.1007/978-3-662-72589-4_5

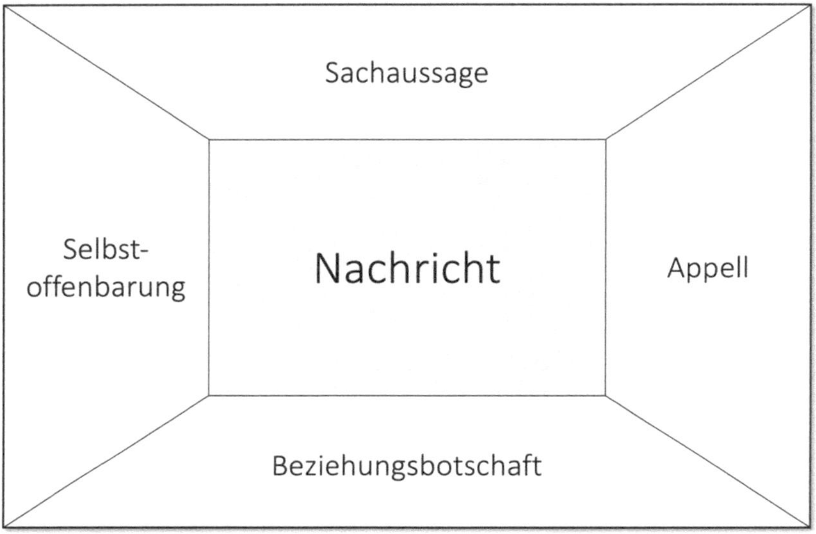

Abb. 5.1 Die vier Seiten einer Nachricht

Aussage den Wunsch entnehmen, innerhalb der genannten Zeitspanne eine Rückmeldung zu erhalten. Zugleich versteckt sich darin wenig verhohlen der *Appell,* bis zum Ablauf der Frist gefälligst eine Antwort zu übermitteln. Und schließlich lässt sich die Aussage im Hinblick auf die *Beziehung* beider Seiten so verstehen, dass derjenige, der die Frist gesetzt hat, sich in der Rolle sieht, seinem Gegenüber solche Ansagen zu machen. Die vier Seiten der Nachricht stehen für vier mögliche Inhalte der Aussage. Insbesondere die für Juristen a priori nahe liegende Sachaussage steht nicht alleine da.

Ist es nun aber nicht selbstverständlich, dass sich die professionelle anwaltliche Kommunikation auf die Sachebene beschränkt? Oder kann der Sender einer Nachricht seine Botschaft zumindest auf die Sachebene reduzieren? Tatsächlich funktioniert dies nicht, denn letzten Endes ist nicht die Sender-, sondern die Empfängerperspektive entscheidend. Juristen sollte das im Hinblick auf §§ 133, 157 BGB bekannt vorkommen. Und beim Empfänger einer Nachricht muss man stets damit rechnen, dass er die Botschaft auf einer anderen Ebene hört, als die Senderin der Nachricht dies beabsichtigt hat. Insbesondere in streitigen Verhandlungsbeziehungen hören Empfänger tendenziell auf dem Appell-Ohr, fühlen sich dabei ungerechtfertigt in die Pflicht genommen und ärgern sich darüber.

5.2 Konfliktvermeidende Gesprächsführung

Wer Eskalationen vermeiden und richtig verstanden werden möchte, sollte unnötige Missverständnisse von Beginn an vermeiden. Für Anwälte gehört das Vermeiden von (zusätzlichen) Konflikten nach § 1 Abs. 3 ihrer Berufsordnung sogar zu den zentralen Berufspflichten. Ein effektiver Ratschlag: Man kann einer unnötigen Eskalation häufig dadurch aus dem Weg gehen, dass man sich angewöhnt, möglichst nur Aussagen über sich selbst und nicht über sein Gegenüber zu treffen. Denn Aussagen über einen Streitgegner sind fast immer mit Vorwürfen oder aber mit ungeprüften Annahmen über Dinge verbunden, über die er besser Bescheid weiß als ich, weil sie ihn selbst betreffen.

Wünsche statt Vorwürfen

Statt der Gesprächspartnerin vorzuhalten, sie habe noch keinen einzigen realistischen Vorschlag gemacht, könnte man den eigenen Wunsch formulieren, gemeinsam weitere Ideen zu erarbeiten, die sich auch realistisch umsetzen lassen. Statt der Mandantin mitzuteilen, ihre Aussage vor Gericht habe letztlich zur Klageabweisung geführt, könnte man ihr auch den Vorschlag machen, sich vor der nächsten Verhandlung noch besser abzustimmen. ◄

An diesen Beispielen lässt sich übrigens auch erkennen, dass man in Streitigkeiten gut beraten ist, nach einer gewissen Zeit der Aufarbeitung der Vergangenheit auch irgendwann auf die Gestaltung der Zukunft zu sprechen zu kommen. Denn die Zukunft kann man in der Gegenwart noch positiv beeinflussen, während sich an der womöglich unglücklich verlaufenen Vergangenheit nichts mehr ändern lässt.

5.3 Kommunikation im digitalen Zeitalter

Diese Grundlagen guter Kommunikation gelten nicht nur in einer Verhandlung mit dem Streitgegner, sondern gerade auch innerhalb eines juristischen Beratungsmandats. Wer sich einen Einblick in die Praxis der Rechtsberatung in Deutschland verschafft, wird neben vielfältigen Positivbeispielen auch immer wieder Mandaten begegnen, wo Rechtsdienstleister und Betroffene kaum miteinander sprechen. Zu Beginn des Mandats wird der Fall aufgenommen, anschließend investiert der Rechtsdienstleister Zeit in die Erstellung eines ersten Schriftsatzes, der wird dann mit dem Mandanten kurz besprochen, und anschließend beginnt ein schriftlicher Schlagabtausch mit der Gegenseite, der sich unter Umständen später in der mündlichen Verhandlung fortsetzt. Das offene Ohr für die Bedürfnisse des Mandanten fällt dabei schnell unter den Tisch. Das ist bemerkenswert, wenn man bedenkt, dass es vielen Mandanten wichtiger ist, aufrichtig gehört zu werden, als in der Sache durchschlagenden Erfolg zu haben.

Vergessenes Gehör?

Auch wenn sie viel für den Zugang von Verbrauchern zum Recht leisten, sind Legal-Tech-Unternehmen besonders gefährdet, ihren Mandanten unzureichendes individuelles Gehör zu schenken. Die weitgehend automatisierte Kommunikation in der Vorbereitung des Mandats lässt dafür wenig Spielraum. Vor Gericht tritt regelmäßig eine Terminsvertreterin auf, die dieses Versäumnis kaum mehr nachholen wird. Man kann das mit dem Bemühen um geringe Kosten für die Durchsetzung geringwertiger Forderungen rechtfertigen, optimal ist es dennoch nicht. ◄

Natürlich ist nichts dagegen einzuwenden, wenn die Fallanamnese bei modernen Rechtsdienstleistern heute häufig bereits in einem interaktiven Online-Verfahren abläuft. Dabei sollte es aber nicht bleiben: Es wäre aus Sicht vieler Betroffener wünschenswert, wenn die individuelle, mündliche Kommunikation in der Breite der anwaltlichen und nicht-anwaltlichen Rechtsdienstleistung eine noch größere Bedeutung einnähme. Das kann auch unternehmerisch sinnvoll sein, weil es der Transparenz des Verfahrens nützt und die Zufriedenheit der Mandanten fördert. Demgegenüber dürfte sich bei Schriftsätzen mittelfristig entgegen der heutigen Praxis ein Trend zu Prägnanz statt Länge durchsetzen. Das entspricht auch einer zukunftsfähigen Arbeitsteilung zwischen Mensch und Maschine: Lange, unverständliche Texte kann auch eine künstliche Intelligenz produzieren, dafür braucht es keinen teuren menschlichen Rechtsdienstleister; dessen Domäne wird zunehmend das persönliche Gespräch sein, das ein humanoider Roboter in absehbarer Zeit nicht wird ersetzen können.

Business Planning

6

Traditionell gilt: Wer BWL studiert, denkt in Zahlen, Märkten und Strategien. Wer Jura studiert, lernt Paragrafen, Prinzipien und Präzedenzfälle. Business Planning, Kostenanalysen und Zielgruppenstrategien werden in der juristischen Ausbildung kaum vermittelt. Doch wie gezeigt, kann im Rechtsmarkt nur bestehen, wer wirtschaftlich denkt, Ressourcen effektiv einsetzt und die eigene Kanzlei oder Position strategisch entwickelt. Besonders Berufseinsteiger können hier punkten: Wer bereits zu Beginn der eigenen Karriere gelernt hat, in Zielen und Zahlen zu denken, wird Mandanten souveräner begegnen, übernimmt schneller Verantwortung und wird wirtschaftlich erfolgreicher agieren. Doch wie sieht ein solcher Businessplan konkret aus? Welche Elemente gehören hinein und worauf kommt es in der Praxis wirklich an?

6.1 Ziel, Nutzen und strategische Funktion

Ein Businessplan ist ein grundlegendes Werkzeug für jede Unternehmensgründung und Geschäftsstrategie. Er dient als detaillierte Roadmap, die die Ziele des Unternehmens, die Strategien zur Erreichung dieser Ziele und die notwendigen Ressourcen und Schritte beschreibt. Er zwingt dazu, die eigene berufliche Ausrichtung, Zielgruppe und Positionierung bewusst zu reflektieren. Wer bin ich als Anbieter von Rechtsdienstleistungen? Wem will ich helfen? Und womit genau? Diese Fragen zu klären, ist der erste Schritt hin zu einem tragfähigen Konzept.

Ein Businessplan hilft dabei, blinde Flecken zu erkennen: Ist mein Angebot am Markt überhaupt gefragt? Gibt es genug zahlungsbereite Mandanten in meinem Umfeld? Wer ist meine Konkurrenz und wie grenze ich mich von ihr ab? Solche

M. Fries, D. Kramer, *Legal Entrepreneurship*, essentials,
https://doi.org/10.1007/978-3-662-72589-4_6

Überlegungen verhindern, dass man sich mit einer gut gemeinten, aber wirtschaftlich nicht tragfähigen Idee verrennt.

Darüber hinaus fördert der Plan das unternehmerische Denken. Man lernt, in Szenarien zu denken, Prioritäten zu setzen und mit Ressourcen realistisch zu kalkulieren. Auch für Angestellte in Kanzleien oder Rechtsabteilungen ist das wertvoll: Wer etwa ein neues Projekt vorschlägt, eine interne Einheit aufbauen oder neue Mandantenkreise erschließen will, wird mit einem strukturierten, durchdachten Plan deutlich mehr Überzeugungskraft entfalten.

Nicht zuletzt ist der Businessplan auch ein Motivations- und Steuerungsinstrument. Er hilft, eigene Ziele zu definieren, Meilensteine zu setzen und Fortschritte messbar zu machen. Statt nur zu hoffen, dass „es schon irgendwie läuft", erreicht man mit einem Businessplan ein aktives Management der eigenen beruflichen Entwicklung. So wird aus einer groben Idee ein belastbares Konzept, das tragfähig ist – auf dem Papier wie in der Realität.

6.2 Die zentralen Bausteine eines Businessplans

Ein Businessplan im juristischen Umfeld muss nicht mit einem 50-seitigen Konzernpapier konkurrieren. Entscheidend ist, dass er die relevanten Fragen klar beantwortet und die wirtschaftliche Tragfähigkeit eines Vorhabens sauber darstellt. Dabei haben sich insbesondere folgende Bestandteile bewährt[1]:

Die wichtigsten Bausteine eines Businessplans

1. **Executive Summary:** Eine knappe, aber präzise Zusammenfassung der Idee, Zielgruppe und Positionierung. Wer sein Konzept nicht in wenigen Sätzen erklären kann, hat es meist selbst noch nicht ganz verstanden.
2. **Angebot & Zielgruppe:** Welches Produkt bzw. welche Dienstleistung soll angeboten werden (z. B. Strafverteidigung, Arbeitsrecht für Start-

[1] Weiterführend *Freiling/Harima,* Entrepreneurship, 2. Aufl. 2024, S. 475 ff.; *Fueglistaller* et al., Entrepreneurship, 5. Aufl. 2019, S. 303 ff.; *Hutzschenreuter,* Allgemeine Betriebswirtschaftslehre, 7. Aufl. 2022, S. 35 ff.; *Nagl,* Der Businessplan, 10. Aufl. 2020, S. 1 ff.

ups, Legal Coaching)? Und wer sind die potenziellen Mandanten? Eine enge Zielgruppendefinition hilft, Streuverluste zu vermeiden und das Marketing passgenau auszurichten.

3. **Markt- und Wettbewerbsanalyse:** Wie ist der Markt beschaffen? Welche Trends zeichnen sich ab? Wer sind die Hauptwettbewerber? Welche Marktnischen oder Alleinstellungsmerkmale gibt es? Wie träge ist der Markt: Können sich Neueinsteiger nur mit einer schnellen Gazelle[2] behaupten oder funktioniert auch eine gemächliche Expansion?
4. **Marketingstrategie:** Wie erreiche ich meine Zielgruppe? Welche Kanäle nutze ich (z. B. Webseite, App, LinkedIn, Fachveranstaltungen, professionelle Akquisetools)? Welchen Tonfall und welches Erscheinungsbild wähle ich für meine Kommunikation?
5. **Kosten- und Finanzplanung:** Welche Fixkosten fallen an (Miete, IT, Personal)? Wie hoch sind die erwarteten Einnahmen? Welche Honorarmodelle bieten sich an (z. B. Pauschale, Stundenhonorar, Erfolgshonorar)? Inwieweit sind externe Kapitalgeber sinnvoll?
6. **Organisation & Umsetzung:** Wie lässt sich das Vorhaben konkret umsetzen? Welcher Automatisierungsgrad ist sinnvoll? Welche Meilensteine, Zeitpläne und Verantwortlichkeiten gibt es? Welche rechtlichen Vorgaben sind zu beachten? Welche Risikofaktoren und Alternativstrategien lassen sich identifizieren?

Ein guter Businessplan überzeugt übrigens nicht durch Buzzwords oder Excel-Akrobatik, sondern durch Klarheit, Realismus und einen roten Faden. Juristinnen und Juristen sollten sich damit also eigentlich relativ leichttun. Wer die oben aufgeführten Bausteine sauber durchdenkt, schafft eine gute Grundlage für nachhaltigen beruflichen Erfolg.

6.3 Monitoring, Flexibilität und Anpassung

Gerade in einem sich wandelnden Rechtsmarkt, der durch Digitalisierung, neue Wettbewerber und sich ändernde Mandantenerwartungen geprägt ist, ist es essenziell, flexibel und lernbereit zu bleiben. Nicht zuletzt deswegen ist ein Business-

[2] Zu diesem Startuptyp *Fritsch/Menter/Wyrwich*, Entrepreneurship, 4. Aufl. 2024, S. 148 ff.

plan kein starres Dokument, das einmal geschrieben in der Schublade verschwindet. Man sollte ihn vielmehr als ein dynamisches Steuerungsinstrument verstehen, das auch viele Jahre nach der Gründung noch als Maßstab für die Fortentwicklung des Unternehmens nützlich ist.

Ein zukunftsorientierter Businessplan enthält deshalb auch eine Strategie für das laufende Monitoring zentraler Kennzahlen: Wie entwickeln sich Umsätze, Mandatszahlen oder Marketing-Resonanz? Welche wiederkehrenden Probleme bei der Umsetzung bestimmter Angebote oder Dienstleistungen lassen sich beobachten? Nur wer diese Aspekte systematisch beobachtet und regelmäßig reflektiert, kann frühzeitig reagieren und nachjustieren.

Zudem sollte jeder Plan Spielräume für Kursänderungen lassen. Gerade Gründer und junge Anwälte werden erleben, dass ihre ursprüngliche Zielgruppe nicht wie erwartet reagiert oder sich andere Tätigkeitsfelder als lukrativer oder erfüllender herausstellen. In einem Businessplan ist diese Lernkurve nicht ein Zeichen des Scheiterns, sondern Ausdruck unternehmerischer Reife.

Langfristig gesehen ist Business Planning daher kein einmaliger Kraftakt, sondern ein iterativer Prozess. Wer sich diesen Prozess zu eigen macht, gewinnt Klarheit über die eigene Positionierung, erkennt neue Chancen früher und kann sich im dynamischen Rechtsmarkt besser behaupten. Für Juristen bedeutet das: Wer bereit ist, sein Geschäftsmodell kontinuierlich zu hinterfragen und zu verbessern, sichert sich nicht nur einen Wettbewerbsvorteil, sondern gestaltet aktiv die Zukunft seiner beruflichen Tätigkeit.

Fazit 7

Unternehmerisch zu denken zählt schon heute zu den nützlichsten Fähigkeiten für Juristinnen und Juristen – und *legal entrepreneurship* wird in Zukunft unverzichtbar sein. Wer unternehmerisch denken kann, wird seine Mandanten besser verstehen, Lösungen näher am Leben entwickeln und weit bessere Dienstleistungen anbieten als ein stur auf dem Buchstaben des Gesetzes beharrender 18-Punkte-Jurist. Unternehmerisch denken heißt dabei nicht, das Geld über das Gesetz zu stellen, sondern Menschen zu helfen, ihre Prioritäten zu ordnen und Konflikte entlang dieser Prioritäten zu lösen.

Wir haben gezeigt, dass die rechtsorientierte Konfliktlösung in der Vergangenheit ein aufwendiger und damit für viele Menschen abschreckender Prozess war. Die Digitalisierung und Automatisierung unserer Lebenswelt sorgt jedoch für einen fundamentalen Umbruch, der den Zugang zum Recht schlagartig weit öffnet. Für innovative Rechtsdienstleister liegt darin eine einmalige Chance: Sie können Prozesse verschlanken oder ganz neu denken, sich damit ein kreatives eigenes Berufsbild schaffen und zugleich einen Teil beitragen zu einem modernen, menschennahen Rechtsstaat. Die Mechanismen des Marktes sind dabei keine Störfaktoren, sondern Treiber für sinnvolle Erneuerung.

Mit diesem Buch möchten wir Sie ermutigen, sich von diesem Spiel nicht nur treiben zu lassen, sondern selbst Kurs zu setzen. Beobachten Sie neue Technologien und rechtliche Entwicklungen! Erproben Sie alternative Prozesse, neue Beratungsprodukte und digitale Tools! Schaffen Sie Raum für Experimente! Kleine Maßnahmen haben oft große Wirkung. Fehler gehören dazu – entscheidend ist, was Sie daraus machen. Der Austausch mit Kollegen, Mandanten und gerade auch branchenfremden Kontakten bringt frische Impulse, die uns nicht bedrohen, sondern inspirieren sollten. Wann legen Sie los?

M. Fries, D. Kramer, *Legal Entrepreneurship*, essentials,
https://doi.org/10.1007/978-3-662-72589-4_7

Was Sie aus diesem *essential* mitnehmen können

- Der Rechtsmarkt ist in Bewegung und eröffnet vielfältige Chancen für unternehmerisch denkende Juristen.
- Rechtsdienstleister sind besonders erfolgreich, wenn sie ihr Angebot konsequent auf die Bedürfnisse der Rechtsuchenden auslegen.
- Mit einem gut strukturierten Business Plan legen junge Juristen eine solide Grundlage für nachhaltigen beruflichen Erfolg.

M. Fries, D. Kramer, *Legal Entrepreneurship*, essentials,
https://doi.org/10.1007/978-3-662-72589-4

Literatur

Adrian, A. (2019). *Grundprobleme einer juristischen (gemeinschaftsrechtlichen) Methodenlehre*. Berlin: Duncker & Humblot.
an de Meulen, P., Christiaans, T., Wilke, C. & Wohlmann, M. (Hrsg.) (2024). *Volkswirtschaftslehre*. Wiesbaden: Springer.
Breidenbach, S. (2020). *Eine neue Juristenausbildung*. NJW 2020, 2862–2868.
Breidenbach, S. (2025). *Was Gesetze sein könnten*. München: C. H. Beck.
Breyer, F. (2020). *Mikroökonomik* (7. Aufl.). Heidelberg: Springer.
Bühring-Uhle, C., Eidenmüller, H. & Nelle, A. (2017). *Verhandlungsmanagement* (2. Aufl.). München: C. H. Beck.
Daum, A., Petzold, J. & Pletke, M. (2016). *BWL für Juristen* (3. Aufl.). Wiesbaden: Springer.
Eidenmüller, H. (2000). *Prozeßrisikoanalyse*. ZZP 113 (2000), 5–23.
Freiling, J. & Harima, J. (2024). *Entrepreneurship* (2. Aufl.). Wiesbaden: Springer.
Fries, M. (2021). *Recht als Kapital*. AcP 221 (2021), 108–138.
Fritsch, M., Menter, M. & Wyrwich, M. (2024). *Entrepreneurship* (4. Aufl.). Wiesbaden: Springer.
Fueglistaller, U., Fust, A., Müller, C., Müller, S. & Zellweger, T. (2019). *Entrepreneurship* (5. Aufl.). Wiesbaden: Springer.
Hutzschenreuter, T. (2022). *Allgemeine Betriebswirtschaftslehre* (7. Aufl.). Wiesbaden: Springer.
Jung, S. (2024). *Täuschungen in unternehmerischen Vertragsverhandlungen*. Tübingen: Mohr Siebeck.
Klemola/Kohlmeier, Das Legal Design Buch, 2021
Kolmar, Grundlagen der Mikroökonomik, 2. Aufl. 2021
Krumm, A. (2024). *Erfolg – Grundlagen wirtschaftlichen Denkens und Handelns*. Wiesbaden: Springer.
Maslow, A. (1966). *The Psychology of Science*. New York: Harper & Row.
Nagl, A. (2020). *Der Businessplan* (10. Aufl.). Wiesbaden: Springer.
Risse, J. & Morawietz, M. (2017). *Prozessrisikoanalyse*. München: C. H. Beck.

M. Fries, D. Kramer, *Legal Entrepreneurship*, essentials,
https://doi.org/10.1007/978-3-662-72589-4

Scheufen, M. (2020). *Angewandte Mikroökonomie und Wirtschaftspolitik* (2. Aufl.). Berlin: Springer.
Schieblon, C. (Hrsg.) (2024). *Kanzleimanagement in der Praxis* (5. Aufl.). Wiesbaden: Springer.
Schneider, J. (Hrsg.) (2009). *Festschrift für Benno Heussen zum 65. Geburtstag*. Köln: Otto Schmidt.
Schulz von Thun, F. (1998). *Miteinander reden*. Reinbek: Rowohlt.
Steinbrecher, A. & Breidenbach, S. (Hrsg.) (2024) *Handbuch Digitale Rechtsabteilung*. München: Vahlen.
Thommen, J.-P., Achleitner, A.-K., Gilbert, D., Hachmeister D., Jarchow, S. & Kaiser G. (2023). *Allgemeine Betriebswirtschaftslehre* (10. Aufl.). Wiesbaden: Springer.
Tutschka, G. (Hrsg.) (2022). *Strategische Kanzleientwicklung* (2. Aufl.). Berlin: De Gruyter.
Waldstein, W. & Rainer, J. (2024). *Römische Rechtsgeschichte* (12. Aufl.). München: C. H. Beck.
Zuckarelli, J. (2023). *Mikroökonomik*. Wiesbaden: Springer.

Weitere Werke der Autoren

Fries, M. & Deutlmoser, R. (2023). *Mediation im Erbrecht*. Berlin: Springer.

FSC
www.fsc.org
MIX
Papier | Fördert
gute Waldnutzung
FSC® C083411

Kolibri 360 GmbH
Ferdinand-Jühlke-Straße 7
99095 Erfurt, Deutschland
produktsicherheit@kolibri360.de